我国体育旅游产业集群竞争力提升研究

邢中有◎著

中国水利水电出版社
www.waterpub.com.cn
·北京·

内 容 提 要

　　本书是在对体育旅游产业进行长期研究、搜集大量相关资料的基础上撰写的，并借鉴参考了诸多学者的相关研究，是关于体育旅游产业集群竞争力提升的研究成果结晶。

　　本书主要针对我国体育旅游产业集群竞争力的提升展开研究，首先对本选题的背景、研究目的与意义、研究思路与方法以及国内外研究现状进行阐述。然后，对体育旅游产业理论体系、我国体育旅游产业发展现状、体育旅游资源的开发与利用、体育旅游市场的营销、我国体育旅游产业集群理论体系、我国区域体育旅游产业集群的发展以及我国体育旅游产业集群竞争力提升的策略等内容进行了详细的分析与研究。

　　本书集科学性、系统性、创新性于一体，做到理论性与实用性的统一，对我国体育旅游产业集群竞争力的提升有着非常重要的指导意义。

图书在版编目 (CIP) 数据

　　我国体育旅游产业集群竞争力提升研究 / 邢中有著
. — 北京：中国水利水电出版社，2017.4
　　ISBN 978-7-5170-5345-3

　　Ⅰ.①我… Ⅱ.①邢… Ⅲ.①体育－旅游业发展－研
究－中国 Ⅳ.① F592.3

　　中国版本图书馆 CIP 数据核字（2017）第 092936 号

书　　　名	我国体育旅游产业集群竞争力提升研究 WOGUO TIYU LÜYOU CHANYE JIQUN JINGZHENGLI TISHENG YANJIU
作　　　者	邢中有　著
出 版 发 行	中国水利水电出版社
	（北京市海淀区玉渊潭南路 1 号 D 座　100038）
	网址：www.waterpub.com.cn
	E-mail：sales@waterpub.com.cn
	电话：（010）68367658（营销中心）
经　　　售	北京科水图书销售中心（零售）
	电话：（010）88383994、63202643、68545874
	全国各地新华书店和相关出版物销售网点
排　　　版	北京亚吉飞数码科技有限公司
印　　　刷	三河市天润建兴印务有限公司
规　　　格	170mm×240mm　16 开本　15.75 印张　203 千字
版　　　次	2017 年 6 月第 1 版　2017 年 6 月第 1 次印刷
印　　　数	0001—2000 册
定　　　价	55.00 元

前　言

　　目前国内有关体育旅游产业集群及其竞争力提升的相关研究仍处于萌芽阶段。对于体育旅游产业集群的介绍和研究实质上并未具有浓厚的学术性,而更多的是一种观念的推介和推广。即使存在学术性质的研究也大体上是在无明确概念和完备理论体系情况下的局部、试验式的研究。由此,为了在一定理念指导下收集、整理和描述体育旅游产业集群的基础性资料,科学合理地规划体育旅游产业集群的发展,对各项体育旅游产业集群的实践活动及其后果进行监控和评价,以及为了解决体育旅游产业集群在形成及发展过程中不可避免地遇到各种各样的矛盾与问题,急需确立我国体育旅游产业集群的基本概念与理论体系,探索符合我国国情的体育旅游产业集群竞争力提升策略。

　　国际经验表明,当一国人均 GDP 达到 5 000 美元时,该国的休闲产业及休闲消费就会出现井喷式增长。根据我国以及各省市近期的社会经济发展报告,目前北京、上海、广州、深圳、天津、杭州等一、二甚至三线城市人均 GDP 已超过 10 000 美元,达到中等发达国家水平。同时我国东部地区人均 GDP 也已超过 5 000 美元,进入到国际经济学界共识的休闲产业及休闲消费快速发展期。另一方面,2014 年 10 月国务院颁布的《关于加快发展体育产业促进体育消费的若干意见》既明确了至 2025 年我国体育产业规模达到 50 000 亿的发展目标,又指出今后我国应将优化产业布局和结构、大力发展体育服务业、挖掘体育产业潜力、培育消费热点等作为体育产业发展的重要任务。产业集群(Industry Cluster)是现代产业发展的一种新的范式和选择趋势,体育旅游产业作为与多种相关产业交叉、相融的复合型产业,在国外早已形成产业集群发展的格局,并且依托产业集群取得了巨大的发展红利。在我国体育旅游产业发展过程中,产业集群现象正逐步显现。由此,对我国体育旅游产业集群竞争力提升问题进行研究,既能积极快速发展作为休闲产业重要组成部分的体育旅游产业,又能将《意见》精神落于实处,同时也对改善人民群众精神生活、满足人民群众的休闲体育需求具有重大现实意义。

本书在内容结构方面做了合理安排,层次清晰,理论知识科学严谨,对体育旅游产业集群的基本知识和理论、体育旅游产业集群发展现状、体育旅游产业集群竞争力的提升策略等进行了详细分析和阐述。本书集科学性、创新性、系统性于一体,并注重理论性与实用性的统一,对我国体育旅游产业集群的发展以及未来竞争力的进一步提升有着非常重要的指导意义。

在撰写本书的过程中参考和引用了很多专家、学者的研究资料和成果,在此表示最诚挚的感谢。由于时间和能力有限,书中难免会有不妥之处,敬请广大读者予以指正。

作者
2017 年 1 月

目 录

第一章 绪 论

体育旅游业作为一个朝阳产业,同时也是我国的战略性新兴产业。随着体育旅游产业集群日渐成型,尤其是迈克尔·波特提出"旅游集群"概念以来,国内外越来越多的学者开始从产业集群的角度来研究体育旅游现象,体育旅游产业集群及其竞争力已成为当前体育产业研究的一个热点话题。本书重点从产业集群角度来研究体育旅游产业的发展及竞争力提升,下面就本书的选题背景、研究目的与意义、研究思路与方法以及国内外研究现状展开分析与阐述。

第一节 选题的背景

当前,体育旅游日益风靡全球,已成为一种对人们极具吸引力的休闲生活方式。在体育旅游中,人们不但能够对惊险刺激进行体验,还能够对高雅经典进行感受,领略高端科技的魅力,甚至可以对民族气息的精华进行品味。体育旅游活动独具特色,其在促进人们生活内容丰富和休闲领域拓展方面具有积极的意义。在世界旅游消费市场中,体育旅游消费日渐成为新的亮点,并有成为旅游消费热点的趋势。

本书的选题与两个方面有关,第一是国内外体育旅游发展环境;第二是理论界对体育旅游产业集群及竞争力的研究。体育旅游产业现实发展需要与相关理论研究滞后的现状,对本书的选题具有决定性的影响。

一、国际体育旅游产业发展的现实需要

融合了体育产业与旅游产业的体育旅游产业近年来在全球范围内得到了蓬勃发展,且发展趋势良好。通过国际体育旅游委员会统计的数据了解到,1994 年,在世界旅游总收入中,体育旅游收入占到 25%,在旅游者的旅游日程中,与体育旅游活动有关的占到 42%;从 2010—2015 年,世界体育旅游市场的规模从 1 180 亿美元增加到 2 052 亿美元,每年增长平均速度达 15%。其中 2012 伦敦奥运会这一年的增速最快。通常,奥运会、世界杯等重大体育盛会举办期间,举办地的旅游收入会有大幅增长。2014 年世界杯期间,31 天的赛事给里约带来的经济收入达 44 亿雷亚尔,约合人民币 88 亿元。在里约奥运会还未举办之时,里约市就有一些旅游公司预计,前往里约的巴西游客(65 万)和外国游客(35 万)为里约带来的经济收入将达到 56.4 亿雷亚尔,约合人民币 113 亿元。除了里约市外,里约州其他城市的相关行业的营业收入也会有所增加,来观看里约奥运会的游客中,有 20% 左的游客是由里约州其他城市接待的。里约酒店工业协会表示,在里约奥运会开幕的前一天,里约州的酒店平均入住率达到 84%,有些城市甚至达到了 95% 以上。

世界旅游组织预测,世界旅游人数到 2020 年将达到 15.6 亿人次,体育旅游市场规模到有望超过 4 000 亿美元。在拉动地方经济发展,增加就业机会等方面,体育旅游发挥着显著的作用,因此,世界各国都在激烈地争夺全球体育旅游市场份额。例如,为了促进本国体育旅游业的发展,加拿大在 2002 年对体育旅游联盟进行了设立,该组织主要负责与体育旅游业相关的具体工作。2009 年,加拿大在联邦财政预算中,有关体育旅游的预算大大增加,预计将一亿美元用于大型节庆活动和体育赛事中,并划拨 4 000 万美元用于体育旅游市场宣传与推广。再以俄罗斯为例,早在 1996 年,俄罗斯国家杜马就制定了《体育旅游法》,使本国

的体育旅游向着法制化的方向发展。2010年3月，《体育与旅游中小企业发展纲要》(以下简称《纲要》)由体育旅游部颁布,该《纲要》对2010—2012年体育产业的发展计划与措施进行了明确,其中就包括体育旅游产业。再如,在21世纪初,澳大利亚体育与旅游部就对全国体育旅游发展战略进行了制定,并提出了有利于本国体育旅游产业可持续发展的九个方面的具体策略。从这些国家的举措中就能够看出,世界各国对体育旅游市场份额的争夺异常激烈,而且在发展体育旅游产业的过程中,都很重视本国体育旅游市场竞争力的提升。

当前,世界体育旅游市场存在着十分激烈的竞争,在这一环境下,我国发展体育旅游产业需要解决的一个重大问题就是,如何摆脱体育旅游产业发展缓慢的困境,如何获得更多的市场份额,从而促进我国体育旅游市场规模的扩大和国际竞争力的提升。

二、国内体育旅游产业发展的客观要求

我国政府和地方有关部门都高度重视我国体育旅游产业的发展。据不完全统计,现阶段,我国有关体育旅游产业的国家层面的文件有4个,相关报告有2个。国家出台相关政策后,部分省(市)也对新规划与新政策进行了制定,以此来推动本地体育旅游产业的进一步成长。而且,我国有很多省市都将体育旅游产业作为本地的重点产业来优先发展,甚至一些地区将体育旅游产业视为本地的支柱产业,给予了高度的重视。

自体育旅游在我国兴起以来,国家和各级地方政府就对此十分重视,而且积极予以扶持。近些年,在举办奥运会、带薪休假制度等各种有利条件的影响下,体育旅游产业取得了良好的发展成果,产业领域和发展规模都在原有的基础上得到了大幅的拓展和扩大,体育产业的经济收益和社会效益也有了大大的提高。从目前我国的情况来看,体育旅游产值占全国旅游总收入的5%,而在国外,这一比例已达到了25%。这说明我国体育旅游产业的

发展空间还很大。2016年12月底,由国家旅游局、国家体育总局共同印发的《关于大力发展体育旅游的指导意见》中指出,到2020年,我国体育旅游总人数将达到10亿人次,占旅游总人数的15%,体育旅游总消费将超过1万亿元。

体育旅游不但能够为我国经济的发展增添活力,而且在增加岗位,促进就业方面也有显著的作用。据相关统计得知,2010年,浙江体育旅游从业机构吸纳52 370人就业;北京市休闲健身类从业机构吸纳1 250人就业。

从上述数据来看,我国体育旅游产业正处于蓬勃发展阶段,然而,从整个国民经济行业这个层面来看,我国体育旅游企业并没有创造出很高的利润率。我国旅游业的净利润率一直都很低,平均每年在1%左右,体育旅游产业只是旅游产业的一个组成部分,因此其净利润率更低,还不足1%。我国体育旅游产业与其他行业相比,市场占有率较低,市场竞争力也比较弱。有关学者指出,受人们收入水平和消费结构的影响,体育旅游消费在我国旅游市场中还未成为一种主流消费,短时期内也难以成为一个消费热点。还有一些学者认为,现阶段我国人民大众对体育旅游还未形成高水平的认知,人们的体育旅游消费意识相对于发达国家民众来说还比较薄弱。

通过调查国家4A级旅游区(点)内对体育旅游项目进行设立的情况后了解到,第一批231个国家4A级景区内,共有105家(45.5%)设立了体育运动项目,而且这些景区大都集中在经济发展水平较高的地区,如北京、上海、江苏等。可见,我国在发展旅游业的过程中,体育与旅游的结合度还比较低。

目前,虽然我国有很多省市将体育旅游产业视为本地的重点产业予以扶持,并制定一系列的政策来优先发展体育旅游,但在发展中仍存在一些问题,如没有全面了解本地发展体育旅游产业所具备的优势与不足,没有科学且系统地预测与分析本地体育旅游产业的发展前景,将体育旅游产业作为本地的"支柱产业"和"重点产业"没有一定的科学依据等,这些问题会造成区域产业结构的失衡,也会浪费体育旅游资源。

三、体育旅游产业理论发展的必然选择

自从波特将产业竞争力这一概念提出之后,世界各国的有关专家、学者在不同产业领域深入地研究了影响产业竞争力的因素、竞争力评价指标以及提升产业竞争力的策略,且取得了大量的研究成果。随着这一研究领域的不断拓展,有关学者逐渐将产业竞争力的概念运用到了体育产业领域,并着手对融体育产业和旅游产业于一体的体育旅游产业的竞争力进行理论研究。

从理论方面研究产业竞争力通常涉及三个方面的问题:第一,哪些因素会影响产业竞争力,依据什么来选择这些因素;第二,这些影响因素对产业竞争力产生影响的机理是什么,即这些因素如何对产业竞争力的产生影响;第三,这些因素影响产业竞争力的程度如何,需采取哪些措施才能达到扬长避短的目的。

通过调查与分析当前与体育旅游产业竞争力有关的研究后发现,近年来,已经开始有学者将研究视线投向了影响体育旅游产业的因素方面。例如,于锦华以波特五力模型为基础,对体育旅游目的地竞争力的构成进行了分析;张云峰等认为环境竞争力、现实竞争力、潜在竞争力是对体育旅游目的地竞争力造成影响的三大因素。从这些研究来看,从不同的层面进行研究,所得出的研究成果也是不同的。这说明,目前,有关体育旅游产业竞争力的影响因素,理论界还没有统一的看法,因此很有必要继续对这一问题进行深入研究。

从体育旅游产业竞争力的研究现状来看,理论界基本上还未对第二个问题展开深入研究,即对影响机理的研究基本上还处于空白状态。而要想准确地把握各因素影响体育旅游产业竞争力的具体方式,就必须进行机理分析,如果这方面的研究缺失,人们很难对体育旅游产业竞争力的演进规律有一个准确的认识。因此,当前我们面临的一个问题就是深入研究有关因素体育旅游产

业竞争力的影响机理。

另外,当前很少有学者对体育旅游产业竞争力的评价指标体系进行研究,仅有为数不多的几篇论文涉及这一研究,但也只是研究如何构建区域体育旅游产业竞争力评价指标。钟学思从七个维度着手对广西14个地级市少数民族体育旅游竞争力评估指标体系的构建进行研究,并通过对聚类分析、因子分析等方法的采用综合评价了14个地级市少数民族体育旅游的竞争力。农路华从四个维度着手来研究广西14个地级市区域体育旅游竞争力评价指标体系的构建,并通过对聚类分析、主成分分析、因子分析等方法的采用来分析14个地级市体育旅游竞争力。但是,目前还没有相关的研究来检验是否可以在全国体育旅游产业竞争力的分析和评价中运用区域少数民族地区体育旅游产业竞争力的评价指标体系。

综上,当前我们很有必要以产业竞争力理论为切入点来对体育旅游产业竞争力进行剖析,并深入且系统地研究体育旅游产业竞争力问题,以促进体育旅游产业竞争力的研究成果的不断丰富与完善。

四、完善体育产业集群理论的需要

随着全球经济一体化进程的不断加快,国际市场竞争模式发生了巨大的变革,旅游业领域内容的竞争突破了单体企业间的竞争格局,形成了旅游产业系统之间的竞争的新局面。我国加入世贸组织后,旅游市场的对外开放程度进一步增强,跨国公司和外资很容易就能进入我国旅游市场,国内外旅游企业质监存在着激烈的竞争。在旅游业这一行业中,在资本、技术、机制、管理等方面,国外旅游企业有很明显的优势,因此我国本土企业面临着巨大的威胁。在这一背景下,带动我国旅游企业应对国际市场竞争、促进我国旅游产业发展的根本力量是竞争力,因此在我国体育旅游产业的发展过程中,我们必须关注竞争力问题。

当今,在产业组织发展中,有一个非常重要的现象与特征,即产业集群,这是世界经济基本空间构架的构成单位,也是影响一个国家或地区竞争力的关键因素。因此,为提高体育旅游产业的竞争力,需要对产业集群的相关理论进行研究。近年来,我国一些地区已经出现了体育旅游产业集群现象,因为旅游活动具有扩散性特征,所以旅游产业不仅和酒店、旅行社、旅游景区这三个传统因素有关,而且与其他方方面面的产业都建立了联系,产业集群就在这一基础上不断形成。旅游产业集群有利于促进旅游目的地竞争力的提升;有利于使成员企业的经营成本降低,促进规模效应的增加;还有利于带动成员企业的改革与创新,促进旅游目的地品牌的建立,从而使旅游企业获得一定的竞争优势,实现经营管理效率的提高。本书部分章节重点探究了体育旅游产业集群,以此来完善体育产业集群理论,并运用这一理论来推动我国体育旅游产业竞争力的提升,促进体育旅游产业的进一步发展壮大。

第二节　研究目的与意义

一、研究目的

本研究期望达到以下几个目的。

(1)清楚地阐释体育旅游的相关概念与理论体系。

(2)分析我国体育旅游产业的发展现状,有效解决我国体育旅游业发展中存在的问题。

(3)研究我国体育旅游产业的集群化发展,丰富产业集群研究理论,从而更好地运用该理论来指导集群化发展实践。

(4)研究我国体育旅游资源的开发利用及市场营销,建立科学合理的模式来提高旅游资源的开发利用效率,制定有效的策略来促进体育旅游市场的健康发展。

（5）分析我国体育旅游产业竞争力的现状，提炼出提升我国体育旅游产业竞争力的路径。

二、研究意义

（一）为我国体育产业的发展开辟路径

在国际国内发展的新形势下，在我国处于起步阶段的体育旅游产业面临着重大的机遇与严峻的挑战。在这样的形势下，我们发展体育旅游产业，需要重点思考与探索的问题是，如何走出一条适合我国国情的的可持续发展道路。纵观世界体育旅游产业的发展情况，集群这一重要发展路径已被各个国家广泛采用，各国都在致力于对产业集群理论与实践的研究中。虽然也有一些学者将集群的概念引入了体育界，但从现有的研究成果来看，研究比较宽泛，也比较浅，而且以个案研究为主，这很难明确而有效地指导我国相关政策的制定，因而也难以推动体育旅游产业的发展。本书在现有产业集群理论的基础上，结合我国体育旅游产业的集聚现象，对体育旅游产业的发展及竞争力提升进行较为全面且系统的研究，并提出相关的发展思路、建议和策略，以此来为我国体育旅游产业的发展开辟科学而广阔的路径。

（二）为我国体育产业的发展实践提供指导

随着我国经济发展水平的不断提高和人民生活质量的逐渐改善，新时期我国体育旅游产业的发展也步入了新的阶段。在新时期，各省、各地区抓住"奥运"契机，争打"体育牌"，并在这一过程中建立了新的组织形式和产业运作模式，如体育旅游产业基地、体育旅游产业集聚区、体育旅游带等，当前我国各地在发展体育旅游产业的过程中对这些新模式都跃跃欲试。然而，目前我国体育旅游产业的发展实践还处于摸索阶段，理论指导与实践借鉴都比较缺乏，这就对我国体育旅游产业发展实践的大力开展造成了严重的阻碍。本研究以体育旅游产业为核心,结合我国体育旅游产业的发展实际,努力探索与我国国情相适合的产业发展对策、产品开发与利用模式、市场营销策略、集群化发展对策及产业竞争力提升策略,从而为我国现行的体育旅游产业发展实践提供科学的指导和现实参考依据。

（三）使体育旅游理论体系进一步丰富和完善，为产业竞争力的提升提出建议

产业竞争力这个研究课题很有实际意义,国内外学术界对这个课题都给予了高度的关注,并取得了丰富的研究成果。随着研究的不断深入,产业竞争力的相关理论在体育和旅游领域得到了广泛的运用,且有关体育产业竞争力和旅游产业竞争力的研究也逐渐出现。但是,目前将竞争力相关理论引入体育旅游产业的研究还比较少,对此进行研究的学者也寥寥无几。

由于目前对体育旅游产业竞争力的研究还缺乏一套普适性的理论体系和科学全面的评价指标体系。所以本书将产业竞争力理论引入体育旅游产业领域进行研究,以此来促进体育旅游产业理论研究体系的不断丰富与完善。体育旅游产业具有高度的综合性特点,所以影响该产业发展的因素有很多,为此,尽可能地借鉴一切相关的学科理论和研究成果来指导体育旅游产业发展实践是很有必要的。本书先对体育旅游产业的一般发展、集群化发展、资源与市场发展进行了研究,最后重点对体育旅游产业竞争力的提升进行了研究,这样安排结构,不但能够促进体育旅游产业研究的问题视域的拓展,还能够提供一个从竞争力视角对体育旅游产业进行研究的思路。事实上,体育旅游产业的集群化发展也与竞争力有着密切的关系,本书系统、深入地分析体育旅游产业竞争力问题,有利于促进我国体育旅游理论研究的丰富和完善。丰富的理论体系又能够为我国政府制定科学有效的政策提供积极的理论指导,能够为有关人员进行科学合理、现实可行的体育旅游产业规划提供有效的参考。

此外,对体育旅游产业的发展与竞争力进行分析和研究,还有利于使体育旅游企业对自身的竞争优势和劣势有进一步的认识,从而使企业对切合实际的适合本企业的发展战略进行制定,提升其竞争力,体育旅游企业的壮大又能够推动整个体育旅游产业的持续快速发展。

第三节　研究思路与方法

一、研究思路

本书以体育旅游产业为研究对象,阐释体育旅游的相关概念与理论体系,分析与研究当前我国体育旅游产业的总体发展现状、趋势及对策。在总的分析我国体育旅游产业的发展之后,又分别对体育旅游产业的集群化发展、产品及市场发展进行了研究。在集群化发展研究中,分两部分来进行,首先是综合性地研究我国体育旅游产业的集群化发展,然后从区域的视角出发对我国西部、东南沿海及环渤海三个地区体育旅游产业的集群化发展进行研究。最后,本书在分析产业竞争力基础理论的基础上探讨了我国体育旅游产业竞争力提升的策略。

上述研究为我国体育旅游产业的发展及竞争力的提升提供了基本路径及对策建议。

二、研究方法

(一)规范分析和实证研究相结合

采用规范分析的方法来为实证研究确定本书立意、方向、领域和范围,利用实证研究来对规范分析的理论假设进行检验。体育旅游产业的研究离不开对特定地区、特定产业等具体案例的研究,本书对我国区域体育旅游产业集群化发展进行研究时,就采取了规范分析和实证研究相结合的方法,且在环渤海地区产业集群化发展研究中又重点选择具有区域代表性和典型性的山东作为对象进行研究,这对研究我国其他地区体育旅游产业的发展有一定的借鉴作用。

（二）文献综述与理论分析

通过查阅国内外相关书籍、论文资料（期刊、杂志、优秀硕博论文）、研究报告、统计资料,梳理国内外相关研究文献和成果来对我国体育旅游产业的发展和竞争力提升进行研究,且在研究过程中对相关研究成果进行了客观分析与系统综合,以促进理论研究体系的不断完善,对研究动态加以准确的把握,分析与研究的主要结论作为本书立意确定、理论分析、体育旅游产业集群GEMS模型构建的基础。

（三）系统分析法

系统论的思想是对体育旅游产业集群进行分析的主导思想,本书将体育旅游产业集群看作是一个动态开放的系统,以系统论的视角来对体育旅游产业集群的形成、识别、构建进行研究。

（四）德尔菲法

德尔菲法又称“专家调查”法。通过分发问题表来对资深人员对某一指标重要性程度的意见和判断进行征求、汇集与统计,以便在这一问题上使大家形成统一认知的方法就是专家调查法。GEMS模型评价指标的确定采用了这一研究方法。

（五）数理统计法

本书在我国体育旅游产业GEMS模型指标体系的构建以及确定各指标的权重过程中运用了数理统计法。

第四节 国内外研究现状

一、国内外体育旅游产业的研究历程

（一）国外体育旅游产业的研究历程

国外最初开始研究体育旅游，是从关注体育旅游提供者和参与者、评论体育旅游产业开始的。第一部与体育旅游相关的书籍是"The Central Council for Physical Recreation"，其出版于1966年，作者是Anthony。之后，有关体育旅游的评论逐渐开始出现。

1970年，Williams和Zelinsky重点对巨大赛事（如奥林匹克运动会）所能够产生的旅游开发潜力进行了研究。事实上，事件旅游与体育事件旅游（彰显体育和旅游之间的关系）之间的交叉非常明显。目前，有关体育与旅游关系的研究受到了学术界的重视。

20世纪70年代后期，有些国家和地区重点开发冬季体育运动市场，并使该市场变成了重要的旅游市场，如苏格兰。这些国家和地区的体育旅游市场提供的最重要的体育旅游产品是冬季体育项目，如速滑等。

20世纪80年代，重大体育事件（奥林匹克运动会、世界杯足球赛等）所产生的巨大效益是体育旅游研究中的重要领域，这些方面的研究重点对这些大型体育事件所带来的中间影响和事后旅游经济影响进行了突出的强调，并强调了体育旅游对社会和产业发展的作用，对经济振兴的作用。

20世纪90年代，对体育与旅游关系本质理解的理论研究逐渐出现，与这一领域相关的报道、文章和书籍也陆续出现在人们的视野中。[1]

---

[1] 刘宁.低碳经济视角下体育旅游产业发展研究——以山东半岛蓝色经济区为例[D].中国海洋大学，2014.

进入 21 世纪后,国外对体育旅游产业的研究水平逐渐提高,并达到了一定的高度,在理论研究与实践研究方面都是如此。2001 年,世界旅游组织和国际奥林匹克委员会联合召开了会议,深入探讨了体育与旅游的关系。此后,学术界不断拓宽体育旅游产业的研究视角,且对体育旅游产业进行了更加全面、系统且深入的研究。

（二）国内体育旅游产业的研究历程

20 世纪 80 年代末 90 年代初,我国才开始着手对体育旅游进行研究,此后研究一直保持良好态势。近年来,研究水平更是直线提升,研究领域日益广泛,取得了丰富的研究成果。随着我国旅游产业的快速发展、人民消费意识的日益增强及消费结构的逐步转变,学术界开始广泛关注体育旅游产业的相关研究。我国对体育旅游产业的研究大体经历了以下几个阶段。

1. 起步阶段（1991—1998 年）

20 世纪 90 年代之前,旅游业在我国被当做是重要的创汇产业,政府高度重视旅游业的发展,但有关这方面的研究还比较少。1994 年,双休制度在我国各地区广泛实行,地方政府在进行经济发展规划中,将发展旅游业列入计划之内,国家制定的相关政策均对我国体育旅游的萌芽发展具有积极的影响。但当时旅游基础设施比较短缺,交通运输业也不发达,因此这一时期体育旅游产业的发展速度很慢,相关的理论研究也只是处于起步与探索时期,并没有取得实质性的研究成果。

2. 初步发展阶段（1999—2004 年）

1999 年,《全国年节及纪念日放假办法》由国务院颁布,黄金周休假制度开始在我国各地普遍实行,这就刺激了旅游业的发展。实行新的放假制度后,人们的闲暇时间得到了增加,对旅游的需求也更加多元化。在这些有利因素的推动下,作为旅游产业一个重要组成部分的体育旅游产业在我国逐步发展起来。随着体育旅游实践的逐步发展,体育旅游的理论研究也有了一定程度的发展,相关文献与研究成果不断增加。

3. 快速发展阶段（2005 年至今）

2007 年,我国制定了新的休假制度体系,传统节日也被纳入新体系中。2008 年,国民休闲计划被推出,2009 年,《关于加快发展旅游业的意见》由国务院发布,这些政策对旅游在国民经济中的产业地位的提升起到了积极的推动作用。与此同时,近些年的一系列重大体育事件也推动了我国体育旅游产业的发展,如2008 年北京奥运会、中国体育旅游发展论坛、2009 年第 11 届全运会、2010 年广州亚运会等。与此同时,体育旅游产业的研究成果也随着体育旅游产业的快速发展而越来越丰富。

二、国内外体育旅游产业研究现状

（一）体育旅游产业的基础理论研究

1. 国外对体育旅游产业基础理论的认识

国外研究者比较明确地对体育旅游的含义进行了辨析。Rdmond 指出,体育旅游包括赛事观赏旅游,主动参与的体育旅游与参观著名体育场、纪念堂等体育名胜的观赏旅游都是体育旅游的重要内容。Hall 认为,体育旅游属于非商业性旅游,人们参加和参观体育活动的行为已经脱离了日常生活范围。Standeven 和Deknop 认为,体育旅游是与体育活动有关的旅游活动,人们主动或被动参与这一活动是出于非商业目的的,在参与该活动的过程中,必然会暂时离开家庭所在地及工作环境,参与形式主要有自发和偶然两种。从这一观点来看,体育旅游活动属于典型的非商业性、非休闲性行为,而且必须满足两个要素,第一是临时离开家庭所在地、第二是观看或参与体育活动。

2.国内对体育旅游产业基础理论的认识

我国体育学界和旅游学界的有关学者基于体育或旅游的研究视角来对体育旅游的概念进行界定。体育学界的学者认为,从广义上而言,旅游者在旅游中所从事的各种体育活动(体育锻炼、身体娱乐、体育竞赛、体育文化交流活动、体育康复等)与旅游地、体育旅游企业及社会之间关系的总和就是所谓的体育旅游;从狭义上而言,体育旅游指的是为了使旅游者的各种体育需求得到满足和身心得到和谐发展而开展的与体育相关的旅游活动。体育旅游对于促进社会主义物质文明和精神文明建设、丰富人们的文化生活具有积极的意义。旅游学界则认为,在旅游科学系统中,体育旅游只是其中的一个分支,有关学者重点从体育旅游活动的目的与内容、体育旅游产品的功能、体育旅游资源等方面来分析体育旅游的概念。例如,刘杰在早期分析并探讨了体育旅游的对象、内容、类型及开发问题,随后,不同学者以不同的视角研究体育旅游,产生了不同的认识和理解。罗永义对比并分析了国内外体育旅游的概念的差异,在此基础上对体育旅游的概念重新进行了界定,即出于体育目的而进行旅游,或在旅游过程中参加体育相关活动而产生的兼有体育与旅游属性的社会文化活动,统称为体育旅游。[①]总体来说,体育旅游具有双重性质,即体育运动性质与旅游活动性质,我国将体育与旅游作为一个整体而进行研究的时间还比较短,因此对体育旅游概念的认识与理解还未达到统一。

目前,我国学者主要从概念、特征、类型和作用等几方面来分析体育旅游产业的内涵。而且学界对体育旅游产业内涵的研究还不够深入,也不够明确。体育旅游产业是由体育与旅游交叉融合而形成的新型产业,其具有双重特点(体育和旅游),从这一角度出发,有关学者这样界定体育旅游产业:为使体育旅游者身心健康、娱乐休闲等目的得以实现,以体育旅游资源为基础,以体育

---

① 刘宁.低碳经济视角下体育旅游产业发展研究——以山东半岛蓝色经济区为例[D].中国海洋大学,2014.

旅游活动为主要方式而为旅游者提供体育旅游产品或旅游服务，并从中获取经济效益的相关经济群体就是所谓的体育旅游产业。王辉以体育旅游产业对区域经济发展产生的影响为视角对体育旅游产业的特征进行了研究，并指出，从体育旅游产业所具有的拉动消费、促进国民经济增长、宣传"绿色经济"环保理念等功能来看，其具有可持续性特征，从覆盖面宽、产业链条长的特点来看，体育旅游产业具有广泛的市场适应性和公众参与性。在功能和作用方面，研究者普遍认可体育旅游产业的积极作用，许敏熊认为，积累建设资金、促进贫困地区脱贫致富、带动相关产业发展是体育旅游积极作用的主要表现。韩鲁先等认为，体育旅游的经济作用和社会作用很显著，具体表现在促进国家创汇增加、促进就业机会的增加、促使国际收支和国内供求平衡、促进身心健康发展、对投资环境进行改善、弘扬民族文化等方面。

（二）体育旅游产业的市场分析及产品开发研究

1. 国外对体育旅游产业市场及产品的研究

国外研究人员在对体育旅游产业市场与产品进行研究的过程中，主要是从不同的角度来划分体育旅游产品的类型，并注重对体育产业旅游市场进行细分。Kurtzn 和 Zauhar 将体育旅游划分为五种类型，即体育景点旅游、休闲体育旅游、度假体育旅游、赛事体育旅游、航行体育旅游。Gibson 对体育旅游的行为特点进行了探讨，认为休闲是旅游者体育旅游行为的基础，体育旅游者参与或观赏体育赛事，或是为了娱乐游憩，或是为了怀旧。但不管是出于什么目的，这种旅游都只是暂时离开常住地而非永久外出的旅游形式。Gibson 将体育旅游划分为三种类型，即主动体育旅游、怀旧体育旅游和赛事体育旅游。

2. 国内对体育旅游产业市场及产品的研究

（1）体育旅游产业市场的研究现状

在体育旅游市场方面，我国研究人员主要是对体育旅游市场细分、市场开发与培育、市场影响等问题进行研究,具有代表性的研究有以下几个。

第一,汪德根等将体育旅游市场划分为健身、休闲、刺激、观战、竞技等几种类型,并指出大众性强、潜力大、市场面广、前景好以及年轻化等是这几种市场类型共有的特征。

第二,杨峰对我国体育旅游市场的细分问题和目标市场的确定问题进行了探讨。

第三,周琥系统地研究了红三角地区(粤、湘、赣三省相连处的韶关、郴州、赣州三地市)实施体育旅游市场一体化及协同发展战略的可能性与必要性。

第四,罗永义等对体育旅游市场细分的作用和标准进行了论述,并对体育旅游细分市场体系模式进行了构建。

第五,谢新涛运用一系列科学研究方法(调查访谈、文献资料、逻辑分析等)系统地研究了西安市体育旅游市场开发和市场营销。

第六,张并通过对 SCP 分析框架的运用来分析体育旅游产业的市场结构特征(市场集中度、产品差异化等)、市场行为特征(企业定价、企业营销、企业创新等)以及市场绩效特征(资源配置效率、企业利润率、企业成长性等)。

(2)体育旅游产品开发的研究现状

在体育旅游产品开发方面,体育旅游产品开发与设计、影响等是主要研究内容,具有代表性的研究成果分析如下。

第一,张汝深分析了体育旅游产品的特征与市场机会,并从创建品牌、创造需求、确定目标、市场培育和检测调整方面对体育旅游产品的开发程序进行了探讨。

第二,杨丽娟在对城市体育旅游产品的组合策略和品牌策略加以分析的基础上,对城市体育旅游产品组合的三维分析图进行了创建。

第三,高珊对金融危机给河北体育旅游产品整合带来的影响进行了深入的剖析。

第四,单继伟通过对体育旅游者参与体育旅游的需求与动机进行分析,提出了对体育旅游产品进行开发的途径与策略。

第五,曹秀珍通过分析富阳市体育旅游产品开发的 RMP 理论,对区域体育旅游产品的开发框架进行了总结。

(三)体育旅游产业集群竞争力研究

体育旅游产业属于现代服务业的范畴。要想促进体育旅游产业结构的优化与升级,通过该产业的发展来带动地区经济的发展,需要采用集群化的发展方式并最大限度地提高产业竞争力。因此在体育旅游产业的研究中,这也是一个重要的研究点。但就目前来看,不管是国内,还是国外,将集群竞争力理论运用到体育旅游产业研究中的学者很少。但从现有的关于体育旅游产业集群和竞争力的文献来看,大都使用了波特的钻石模型,并以此作为理论基础来对体育旅游产业集群竞争力问题进行研究。对于体育旅游业来说,产业集群还是一个比较新的概念,因此相关文献也较少,大部分的研究文献都重点集中在工业领域。下面重点围绕旅游产业集群和竞争力的研究来进行分析。

1.国外研究现状

通过对相关的研究文献进行梳理后发现,近年来,《Tourism Management》《Tourism and Hospitality Research》以及《Annals of Tourism Research》等具有权威性的知名旅游杂志中刊载的与旅游产业集群有关的文章在不断增加,主要研究内容是采用产业集群理论来对旅游目的地进行分析,对旅游产业集群的集聚机制、企业成员的竞争与合作关系、企业网络、集群竞争优势和产品创新等进行探讨,具有代表性的研究如下。

(1)Patrice Braun 认为,地方网络是旅游中小企业技术创新的保证;发展旅游产业集群,强化产业竞争优势,就要将地方网络、社会资本和信任重视起来。

(2)Julie Jackson 和 Peter Murphy 在分析澳大利亚产业集群

发展的案例和实地调查集群内企业的运营情况后,认为旅游产业集群中企业对竞争的特性有较深入的理解,企业之间建立了良好的协作关系,同时也存在着激烈的竞争,且企业的竞争行为与产业集群的发展是一致的。

（3）Ewen Michael 等从理论方面解释了为什么会产生旅游微型集群和企业网络及其如何产生等问题,并对此进行了实践验证。

（4）Denis Redzepagic 对克罗地亚旅游产业集群中的社会资本进行了分析,认为社会资本对于处于初步发展阶段的在旅游产业集群而言是至关重要的,成员企业为共同的利益而展开合作会促进集群的发展。这一研究也有利于对体育旅游产业集群的概念进行界定,即在一定地域空间内聚集的体育旅游企业及旅游相关企业和部门,为了实现共同的目标,建立联系,协同工作的一种产业组织形式就是所谓的体育旅游产业集群。体育旅游核心行业、旅游相关行业、服务机构和支撑机构等是体育旅游业集群的主要组成部分,这些行业与机构之间存在着非常密切的联系。

国外体育旅游产业集群中,最为典型的就是冰雪和登山集群,这也是国外发展最为成熟的体育旅游产业集群。国外研究人员在对体育旅游产业集群进行研究时,将其看作是旅游产业集群的一个类别。例如,在《Tourism Clustering and Innovation》的研究报告中,研究人员 Sara Nordin（来自 European Tourism Research Institute（ETRI））研究并总结了瑞典两个冰雪旅游业集群的案例,认为在对以旅游业为主的服务业的竞争力与创新力进行研究时,集群理论是非常重要的理论基础。Weiermair 和 Steinhauser 对奥地利的“山地康体运动”旅游产业集群政策进行了研究,指出旅游者需求的多样化是该旅游集群产生的主要原因。Kristian Sund 对瑞士旅游产业的发展进行了实证分析,认为瑞士整个旅游产业的发展受到了本国冰雪旅游产业集群的深刻影响。

2. 国内研究现状

我国对旅游产业集群的研究主要集中在以下几方面。

（1）关于旅游产业集群的定义的研究

我国对于旅游产业集群的定义比较一致的看法是，旅游产业集群是旅游吸引物及相关要素在一定的地理空间上集中的趋向和过程（张梦、张建春、张新、陶文杰等）。[①]

（2）关于旅游产业集群化形成的条件的研究

石建中认为，我国发展旅游业，应在以市场为导向、政府积极参与的模式下对"龙头 + 网络"式的旅游产业集群进行构建，以促进我国旅游产业国际竞争力的提升。

（3）关于旅游集群发展模式的研究

常叔杰认为，旅游资源、地理位置和交通条件、政府扶植、市场条件、旅游人才和旅游企业等是我国发展旅游产业集群的关键要素，旅游产业集群主要有市场驱动型和政府推动型两种形式，不管是哪种形式的产业集群，其演进过程一般都包括五个阶段，即形成、发展、成熟、衰落、复苏。

牟红以目前旅游业的发展态势为依据提出了一个重要观点——基于主业的价值链发展产业集群，在此基础上对旅游产业集群建立的思路和运行方案进行了探讨，同时对在集群组建过程中可能遇到的障碍和对策进行了分析与研究。

（4）关于旅游产业集群的评价体系的研究

史文斌对旅游产业集群相关研究中存在的问题进行了分析，提出了旅游产业集群竞争力评价指标体系和旅游产业集群竞争力指标重要性评价模型的构建方法，通过举例论证了这一体系与模型的科学性，最后对我国旅游产业集群竞争力评价进行了总结。

赵炳新、杜培林等以产业网络理论为依据，以产品关联角度为着眼点，认为产业集群是产业部门之间的关系网络，并以此为

① 庄军．旅游产业集群研究［D］．华中师范大学，2005.

基础对产业集群中的一类特殊结构——核结构进行了定义,提出了产业集群的核结构的定量指标体系,利用这一指标体系可以对不同区域的集群结构特点进行描述,也方便对区域间竞争力的差异进行研究。

我国有关体育旅游产业集群竞争力的研究要比关于旅游产业集群的研究少得多,现有的研究主要有两个方向。第一是从理论层面探讨体育产业集群的特征、功能,然后在此基础上提出一些促进我国体育旅游产业集群发展及竞争力提升的建议和策略(杨明、方春妮)。第二是有关体育旅游产业集群构建和竞争力的探索性研究,代表人物是王芒,其对东北冰雪体育旅游产业集群的构建提出了一些建议。

三、我国体育旅游产业及其竞争力研究述评

（一）研究热点较为集中，研究领域尚需拓展

现阶段,体育旅游基础理论、体育旅游产业发展、体育旅游市场培育及产品开发等是我国体育旅游产业相关研究中的主要研究内容。随着近些年大量体育旅游项目的开发,研究人员也逐渐开始重视对体育旅游产业功能定位、集群发展及相关产业融合联动的研究。但总的来看,研究热点比较集中,对集群发展及竞争力理论这样的新兴领域没有给予足够的关注。

（二）以定性分析为主，定量研究较为缺乏

目前,我国学者普遍采用定性分析的方法来对体育旅游产业进行研究,在实证研究中开始逐渐采用问卷调查、田野调查、专家访谈等方法。需要注意的是,因为体育旅游相关统计数据还不健全,对数据的获取和处理比较困难,所以在具体的研究中运用数理统计(聚类分析、回归分析因子分析等)及计里分析模型等方法是有难度的,因此我国在体育旅游指标体系构建、模型构造等方

面的研究比较薄弱,定量研究方法有待进一步完善。

（三）体育旅游产业集群理论研究不足

（1）体育旅游产业集群基础理论有待进一步发展与完善。

（2）有关体育旅游产业集群竞争力评价及提升策略的研究基本上处于空白状态。

（3）有关体育旅游产业集群竞争力的实证研究和对比研究还比较少。

第二章　体育旅游产业理论体系

在对体育旅游业进行分析时,首先应明确体育旅游的相关概念,在此基础上才能进行科学研究。本章首先对体育旅游进行基本概述,在此基础上对其产生与发展进行探讨,最后对体育旅游者、体育旅游业、体育旅游资源等进行解析。

第一节　体育旅游概述

一、体育旅游的概念内涵

随着经济社会的发展,各方面的竞争也更加激烈,在现代社会,人们普遍面临着较大的社会压力,特别是一些上班族,他们长期处于压力状态,适当进行休闲就显得尤为重要。虽然各种休闲娱乐设施不断兴起,但是人们更愿意到新的地方去体验新鲜感。因此,体育旅游正成为很多人的选择。

体育旅游可理解为有身体参与性活动的异地休闲活动。这种方式的活动具有良好的体育锻炼价值,能够促进身心的健康发展,增长相应的知识。体育旅游对于上班族来说,具有强身健体的作用。同时,在旅游过程中,还可以拓宽眼界,增长见识。

我国社会正在逐步进入老龄化阶段,各项休闲娱乐具有"轻体育"的倾向。轻体育有益于人体健康的发展,还能够促进精神和心理方面的调节,对于中老年人来说具有重要的价值。体育旅游属于一种"轻体育",对中老年人特别适合。

（一）体育旅游的内涵

体育旅游是体育活动与旅游活动相结合的产物，几年来，随着体育旅游的不断兴起，学者们对于其的理论研究也在不断深入进行。关于体育旅游的概念，人们并没有达成一致，各位学者都从不同的方向提出了自身的观点。

通常情况下，体育学研究者对于体育旅游的概念界定从广义和狭义两个方面入手；而旅游研究者则往往从参与动机和旅游属性这方面进行分析。目前，人们对于体育旅游概念的界定主要有如下几个代表性的观点。

学者翁家银认为，人们参与体育旅游活动时，其最为主要的目的是为了参与各种体育活动，只不过这一过程是在旅游时实现的，这能够促进人们参与体育活动的乐趣，并满足人们多方面的需求。学者王丙新也认为，人们参与体育旅游活动的主要目的是为了参与和观赏体育旅游活动。体育旅游具有旅游活动和体育活动的双重属性。

学者于莉莉认为，体育旅游活动以一定的体育资源作为基础，在此基础上开展相应的具有体育意义的活动内容，其主要目的是为了满足和适应体育旅游者自身的体育需求。学者杨月敏也认为，体育旅游将人们参与的各种体育活动作为主要的旅游活动内容，通过参与这些活动，人们不仅享受到运动的乐趣，还能够掌握相应的运动知识，并体验相应的文化和风俗。

学者韩丁认为，体育旅游融合了体育、娱乐、探险、观光等活动形式，是一种新型的服务产业。

学者史常凯、何国平认为，体育旅游首先是以旅游为目的的，其是一种特殊的旅游活动，主要是因为其主要内容是为了参与体育活动或观赏体育活动。

学者徐明魁认为，体育旅游活动首先是旅游业的重要组成部分，只不过其是以一定的体育旅游资源和设施为条件，其产品主要是各种旅游活动。体育旅游的生产者能够为体育旅游者提供健身、娱乐、休闲、交际等综合性服务。而从狭义上来看,体育旅游活动是主要目的是为了进行交流、参加会议、参与运动竞赛等的旅游。而从广义上来看,其是各种形式的体育运动为主要主要目的和内容的旅游,其是旅游与体育融合形成的一种新的旅游项目。

学者陈绍艳、杨明则认为,从广义上来看,体育旅游以体育资源设施为基础,以各项体育健身娱乐活动为主要内容,通过旅游商品的形式来为旅游者提供融合各种健身、娱乐、休闲、交际等服务的一种经营性项目群。而从狭义上来看,体育旅游主要是借助各种体育活动形式来满足旅游者体育健身、娱乐的需求,实现旅游者身心健康发展的一种活动形式。

学者王天军也认为体育旅游活动是一种以从事体育项目为主要内容的旅游活动,其主要目的是为了休闲度假、观光探险、康体娱乐等。其作为一种旅游新产品,通过对体育资源的充分利用来引起旅游者的消费欲望。

学者昌晶亮对体育旅游进行了广义上的概括,其认为体育旅游是人们出于体育方面的动机而进行旅行和逗留,从而引起的人、地、事三者之间的关系和由这些关系所引起的现象的总和。

总而言之,学者们对于体育旅游概念的界定众说纷纭,不一而足。而对体育旅游展开深入研究的基础就是要首先对其概念进行科学的界定。通过对学者们的各方面的观点进行分析和总结,本书从广义和狭义两个方面对体育旅游的概念进行了分析。具体分析如下。

从广义上来看,体育旅游应归为旅游的范畴,其是在旅游过程中各种体育、休闲、娱乐、体育文化交流等方面的活动与旅游地、旅游企业及整个社会之间关系的总和。

从狭义上来看,体育旅游是旅游者为了满足体育需求,借助各种体育活动,并充分发挥其各种功能,使旅游者的身心得到和谐发展,并促进社会精神文明进步和社会文化生活不断丰富的一种旅游活动。

（二）体育旅游的基本结构探讨

体育旅游可视为体育与旅游活动的结合，但是并不是两者简单的相加。体育与旅游的结合过程中，一些相互联系的学科也发生了新的变化，促进了体育旅游理论的形成和发展。图 2-1 对体育旅游、体育、旅游等相关活动的关系进行了展示。

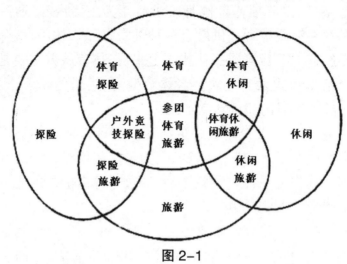

图 2-1

从图 2-1 中可以看出，探险、体育、休闲与旅游相互结合、相互影响，从而形成了体育旅游活动。图中体育与休闲的橄榄形交集即为体育旅游，其同时又受到探险活动和休闲活动等的影响。

如图所示，体育旅游分为三部分，中间是参团体育旅游，主要包括观赏型体育旅游（如活动内容主要是观看体育赛事和参观体育场馆设施）和参与性参团体育旅游（如自驾车团、自行车骑游团或到达目的地后从事相对轻松的体育活动等）。

图中心橄榄型的两端，一边是体育休闲旅游，其属于休闲体育的一部分。休闲体育是用于娱乐身心、休闲自我的各种体育活动，其是人们在余暇时间进行的，以满足自身发展需要和愉悦身心为主要目的，并且具有一定文化品位的体育活动。

图中心橄榄型的另一端则是户外竞技探险，参与这一类型的活动对于人们的要求相对较高，其对于身心都具有一定的考验，需要参与者具备相应的技术能力和体能素质。

二、体育旅游的特点

体育旅游活动与一般旅游活动具有一定的不同点，这也使其一般旅游活动相区别。相较于一般旅游活动，体育旅游具有如下几方面的特点。

（一）回头客较多

传统旅游活动的主要目的是为了对景区的景点进行观光，人们在进行旅游时，经常都是一个地方只去一次，了解不同的文化。这就使得人们在观看到这一景点之后，对其的好奇性就会降低，从而很少会再次"故地重游"。但是体育旅游活动则不同，人们在参与体育旅游活动之后，会对相应的体育运动形式保持着一定的喜好，还会重复参与其中，从而使得人们在一个地方进行体育旅游的次数较多。例如，人们在参与冰雪体育旅游时，喜欢滑雪、滑冰的人会经常参与这一活动；喜欢潜水、游泳等的人同样会经常参加滨海体育旅游活动。

（二）技能要求较高

传统旅游活动几乎对旅游者没有相应的技能要求，所有人都可参与其中。而体育旅游活动则不同，人们在参与旅游活动的过程中，会参与各种形式的体育活动，这就需要参与者具有一定的技能基础，还应具备良好的身体素质基础。特别是一些户外竞技探险类体育旅游活动，更需要运动参与者具备良好的体能水平，对于其的技能要求也更高。例如，登山、攀岩等，都需要旅游者具备良好的体能和技能基础，还需要具有良好的运动装备，有时甚至需要进行专业的培训，才能够开展相应的体育旅游活动。

（三）风险性

体育旅游活动与一般旅游活动相比，其具有一定的风险性。所谓风险，即为在体育旅游过程中发生特定危险情况的可能性，其具有不确定性和损害性。在体育旅游活动中，有很多项目是向大自然和人体的极限挑战的，在参与这些类型的运动时，必然会存在一定的风险。例如，在参与登山、潜水、滑雪等运动时，都可能遭遇突发的危险。在滑雪过程中，可能会发生雪崩自然灾害，从而造成伤害事件；在潜水时，可能会遇到水母，有中毒的危险；而当在攀岩、登山时，更容易出现各种危险事故。

总而言之，在体育旅游过程中，由于自然因素、人为因素等方面的影响，会造成相应的事故。有时，很多事故是可以避免的，但是自然因素造成的事故往往很难抗拒。因此，在参与具有一定的危险性的体育旅游项目时，应做好充分的准备，积极防范突发事故，当事故发生时，能够积极应对。

（四）消费性

与传统旅游活动相比，体育旅游活动的成本相对较高。具体而言，其包括以下几方面。

首先，旅游者在参与相应的体育旅游活动时，需要掌握相应的知识和技能，有时甚至需要进行专门的培训，这就需要花费一定的资金。

其次，一些体育旅游项目需要相应的装备、设备，需要旅游者购置或租赁，花费一定的成本。

再次，在参与体育旅游活动时，有时需要专业的导游或专职教练，甚至需要聘任专业向导。

最后，上文我们提到，体育旅游具有一定的风险性，这就需要求体育旅游参与者应特别加强防范，如购置防护装备和意外保险等，从而增加成本。

体育旅游以区域自主管理为主,这就需要制定相应的管理标准,提高其要求。体育旅游产品众多,消费者根据自身的喜好选择相应的体育旅游项目,体育旅游消费具有多层次性特点。体育旅游参与者其收入水平不同,则其对于体育旅游产品的价格接受程度也不同。

（五）体验性

现代经济社会发展过程中,人们往往较为重视体验性,如在开展经济活动中,人们提出了体验式消费,让消费者在消费过程中获得良好的心理体验。特别是一些服务行业中,让消费者获得良好的心理和情感体验是尤为重要的。体育旅游活动是一种服务产业,旅游者参与的过程在一定程度上也可以看做是一种体验的过程。体育旅游者并不是单纯地参观、欣赏相应的景观,而是要充分参与其中,获得良好的情感体验。

体育旅游的体验性是当前体育旅游市场发展产物,迎合了旅游者的需求。体育旅游以相应的旅游资源和体育资源为基础,向旅游者提供综合性的服务,整个过程中,能够使得旅游者获得更好的体验,享受到运动和旅游的快乐,从而对体育旅游的喜爱更加热烈。

体育旅游中,旅游者不仅能够欣赏相应的景色,更能够充分参与和体验其中。体育旅游业是以出售体验为主的行业。在整个体育旅游过程中,如果游客不能获得良好的情感和心理体验,那么这项体育旅游活动无疑是失败的,难以吸引人们的到来。

总而言之,现代体育旅游活动不仅要让游客获得"五官需求"的满足,同时还应满足其体验需求。游客通过自身充分参与到体育旅游活动之中,并真正参与到活动中去,获得心理的满足。

（六）地域性

体育旅游具有地域性特点,不同地区,其具有相应的地域差异性,从而其相应的体育旅游业也具有了地域特点。体育旅游活动的开展依赖于当地的自然环境资源。例如,在我国北方地区,特别是东三省,冬季严寒,其冰雪体育旅游活动开展良好;而我国沿海地区具有良好的海洋资源,其滨海体育旅游业开展良好;我国中西部多山和沙漠,其也形成了独特的体育旅游资源优势。

三、体育旅游的基本类型

体育旅游可以分为不同的类型,可以从体育学、旅游学、休闲学和探险学等角度对其进行综合分类。具体来说,体育旅游的类型结构如图 2-2 所示。

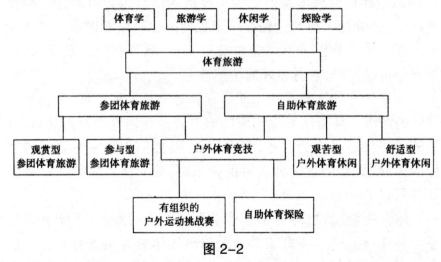

图 2-2

通过上图的分析可知,人们一般将体育旅游分为参团体育旅游和自助体育旅游两大类,而其又可具体分为不同的小类。其具体分析如下。

（一）参团体育旅游

人们一般将参团体育旅游分为三类,即为观赏型、参与型以及竞赛型,这些形式的体育旅游类型都有其相应的自身特点。

1. 观赏型

在参团体育旅游中,观赏型的体育旅游旅游者的参与程度相对较低。在观赏型体育旅游活动中,旅游者主要通过自身的感官来欣赏和体验体育活动、体育景观和体育文化等,从而在这一过程中获得良好的愉悦感受。旅游者在参与过程中,相应的费用一般一次性缴纳,并且旅游组织者统一安排各项活动,内容相对较为固定,个人的活动自由度相对较小,体能消耗也很小。

2. 参与型(包括团队体育休闲)

参与型参团体育旅游活动与观赏型活动相比具有很多相似之处。具体而言,其都是由体育旅游部门进行统一安排的,并且都是一次缴纳相应的费用。其不同之处主要表现在如下两方面:参与型参团体育旅游活动不仅需要旅游者观看,还需要其亲身参与其中;其需要在相关人员的指导下来完成相应的体育运动项目,但是其参与的活动主要是以体验、感受和娱乐为目的。这一类型的活动虽然个人的自由度也相对较小,但是其活动消耗相对较大。

3. 竞赛型

竞赛型参团体育旅游活动主要是以参与某种体育竞赛为主要目的而进行的旅游活动,这一类型的活动对于团队行为的要求相对较为严格,对于参与者的年龄、性别和团队的人数等都有一定的要求,一般多为报名参加的形式。

竞赛型参团体育旅游的特点主要表现为:较为注重团队,几乎没有个人自由,需要在规定时间内完成相应的竞赛项目,并且具有较强的挑战性,参与者承受的身体负荷比前两者都要大。

(二)自助体育旅游

自助体育旅游是一种非常流行的旅游形式,尤其是随着私家车的增多,人们通常利用节假日进行自驾游。这一类型的体育旅游活动很少依赖外界的帮助,通常自己来安排相应的体育旅游项目。通常情况下,可以将自助体育旅游类活动分为两类,即为:户外体育休闲和自助户外竞技探险。

1. 户外体育休闲

户外体育休闲以体育活动为主要内容,其旅游形式相对较为自由,没有相应的限制。户外体育休闲类的体育旅游活动包括度假型体育旅游、健身娱乐型体育旅游和保健体育旅游。下面对这三方面的体育旅游类型进行分析。

(1)度假型体育旅游

度假型体育旅游正如其名称那样,旅游者主要是为了度假而进行的旅游活动,通常人们会利用长假来进行,如国庆黄金周、春节等来进行体育旅游活动。旅游者在参与这一类型的体育旅游活动过程中,能够达到消除疲劳、调整身心和排遣压力等方面的效果。

(2)健身娱乐型体育旅游

健身性体育旅游将体育健身、疗养和体育康复作为主要的目的。健身娱乐型的体育旅游更加注重娱乐性健身理念,在娱乐过程中具有明确的健身目的。

(3)保健体育旅游

保健体育旅游具有非常强的目的性,人们参与这一类体育旅游的主要目的是为了治疗疾病、恢复体力等。具体而言,这一类体育旅游主要有如下两种类型:

其一,是将按摩、药疗、气功、电疗、食疗、针灸等技术措施与矿泉、森林、气候等具有疗养价值的自然条件相结合,以达到帮助参与者治疗和康复身体的目的法疗养旅游,比较常见的有高山气候疗养、海滨度假等;

其二,是在自然条件下,进行登山、滑雪、冰上活动、游泳、划船、打高尔夫球等旅游活动的体育旅游。

2. 自助户外竞技探险

自助户外竞技探险特点显著,其具有挑战自我和自然的特点,与各种户外体育运动具有密切的联系。参与这一类型体育旅游的游客个性较强,将自身与大自然作为对手,不断追求自我的极限,不断征服自然。竞技探险类体育旅游项目包括登山探险、地下洞穴探险以及高空跳伞等活动。

第二节　体育旅游的产生与发展

一、国外体育旅游业的产生与发展

体育旅游业大体上与现代旅游业同步产生和发展。早在 19 世纪 50 年代,英国就成立了相应的登山俱乐部,为登山旅游者提供相应的旅游服务。在 19 世纪 80 年代,欧洲其他一些国家出现了滑雪俱乐部,为旅游者提供相应的滑雪服务;在这一时期,英国户外运动获得了进一步发展,一些野营(帐篷)俱乐部开始成立,向野外旅游者提供相应的野外食宿设施和相关的服务。在 19 世纪 90 年代末,法国和德国等一些发展程度相对较高的国家出现了相应的休闲观光俱乐部,向人们提供一定的旅游服务。

在 19 世纪中后期,受到工业革命的影响,欧美的一些国家得到了迅速的发展,人们的生活水平逐步得到了提高,闲暇时间也相应的增多了,经济社会的发展也促进了人们的思想的发展,休闲、健身、娱乐等活动成为了备受人们追捧的时尚活动。在这一发展环境下,一些综合性的活动场所,如度假中心、娱乐场所等开始不断出现。这一时期,各种形式的室内体育娱乐项目和户外体育娱乐项目得到了较大的发展。

20 世纪初,西方发达国家的体育健身娱乐业逐渐发展,并形成了一定的规模。例如,在 20 世纪 20 年代末,美国的休闲娱乐业已经占到了国民收入的将近 1%。在第二次世界大战之后，和平和发展成为了时代的主题，各国经济社会快速发展，这也促进了体育旅游业的快速发展。在多种形式的体育旅游活动中，滑雪运动发展尤为快速。至 20 实纪末，滑雪爱好者达到了 4 亿人左右，滑雪行业的年收入也在 500 亿美元左右。在欧美等国，滑雪旅游成为了许多冰雪资源丰富的国家的重点发展产业，每年都有大量的人参与到冰雪旅游活动中去。

20 世纪中后期，随着各国将重心转移至经济社会的发展方面，各国的经济快速发展。旅游业不断繁荣，而各种体育运动项目在世界范围内逐渐普及和传播，欧美一些国家的体育旅游项目得到了快速的发展。各种形式的户外运动项目不断涌现，人们参与户外运动锻炼的愿望也逐渐增强。很多地区借助相应的地理环境优势，形成了著名的体育旅游胜地，每年都吸引着大量人群的到来。西方发达国家体育旅游业发展水平相对较高，其滨海体育旅游业发展较为完善，形成了一些著名的体育旅游城市，如德国的基尔、澳大利亚的墨尔本、南非的开普敦等。

在亚洲发展水平相对较高的国家，如日本和韩国，在很多旅游点设立了各种形式的体育娱乐项目，建有相应的体育设施，为旅游者提供相应的健身娱乐服务。在欧美发达国家，各种形式的回归自身的户外运动也相当普及。

20 世纪 70 年代，美国学者阿尔文·托夫勒在《未来的冲击》一书中将体验经济的概念提了出来。体验经济继农业经济、工业经济、服务经济后的另一大经济形式。1999 年，美国经济学家约瑟夫·派恩和詹姆斯较为全面地解释了体验经济，并将体验经济会取代服务经济的观点提了出来。

很多学者认为，未来将属于体验经济的时代，人们更加注重消费过程中的情感和消费体验。而一些传统的旅游业模式相对较为单一，人们参与时，并不能完全融入其中。体育旅游业具有鲜明的体验性，旅游者能够充分参与其中，顺应了时代发展的需求，因此得到了快速的发展。

体育运动项目具有较强的观赏性,人们在观赏高水平的体育赛事时,往往能够获得心理的满足。因此,近年来一些观赏体育旅游业也逐步兴起。在奥运会、世界杯足球等高水平大型赛事举办期间,观赏性体育旅游者大量增多。在举办这些大型国际赛事时,举办过往往利用这一机会,积极开展体育旅游开发,各方都能够寻获商机,促进当地经济的发展。

在1988年韩国汉城奥运会举办期间,有数十万人前往韩国观看奥运会,给当地带来了一定的经济收益。2016年里约奥运会更是吸引了大量的体育旅游人群。奥运会观赛游成为了一种热门旅游项目,吸引了世界各国的人们参与其中。相关的资料显示,我国2016年1—8月出游南美的预定人数同比增长150%,可见观赛旅游对于人们的吸引力。除了奥运会之外,足球世界杯也是吸引大量体育旅游者的重要比赛项目。

二、我国体育旅游的产生与发展

我国地域广博,很多地区有着丰富的体育旅游资源。另外,我国历史悠久,很多民族传统体育旅游项目是是重要的体育旅游资源。良好的自然环境条件和人文环境条件为我国体育旅游的发展创造了良好的基础。

在我国东北地区,冬季寒冷而漫长,这为开展冰雪体育旅游创造了良好的条件。东三省的冰雪体育旅游业发展迅速。我国有着漫长的海岸线,一些著名的海滨城市也成为了人们进行体育旅游的理想去处。我国山脉众多,风景瑰丽,这为山地体育旅游创造了良好的条件,近年来,参与山地体育旅游人群也在不断增多。

我国的体育旅游业发展起步相对较晚,这是由多方面原因造成的。新中国成立之初,百废待兴,人们的生活水平相对较低,这一时期体育旅游业发展的社会经济基础还不存在。其后,我国在摸索中求发展,走了一些弯路,体育旅游业发展水平相对较低。我国体育旅游业实现快速发展是在改革开放之后。通过进行改革开放,我国的经济社会快速发展,人们的生活水平不断提高,各种旅游设施不断完善,人们的旅游需求也在不断增长。

体育旅游是一种新型的休闲娱乐方式,具有娱乐性、健身性、刺激性等特点,逐渐开始受到人们的欢迎。户外运动的发展激起了人们参与体育旅游的兴趣。

我国体育旅游产业的发展水平与发达国家还有很大的差距,但是其发展前景较为广阔。随着人们的生活水平的提高,体育旅游业也必将迎来新的发展浪潮。目前,我国很多地区的体育旅游资源丰富,但是体育旅游业发展相对滞后,有待进行发掘。

在各种形式的体育旅游项目中,我国的滨海体育旅游业发展相对较好。我国良好的海洋和海岸资源为很多城市开展滨海体育旅游业创造了良好的环境条件。滨海体育旅游业在我国具有良好的发展势头,并且随着经济社会的发展,其逐渐发展成为了融合滨海休闲、健身娱乐等为一体的独立经济产业形态。我国很多省市的滨海体育旅游产业正向着国际化的方向发展,每年都会吸引大量的中外游客参与其中。我国海南省具有得天独厚的气候条件和资源条件,如今海南省的体育旅游在国际上具有较高的知名度。

人们认为,21 世纪以来,世界各国将逐步进入"休闲时代",体育健身、娱乐旅游等将成为人们的一种重要的休闲方式。我国的体育旅游产业将在未来几年快速发展。有数据显示,目前中国体育旅游产业每年增长 30% 到 40%,体育旅游市场正成为中国旅游休闲领域的亮点。如今,一些旅游企业推出了多种国内外体育赛事观光旅游产品,如 NBA 常规赛观赛游、英超赛事观赛游、大满贯赛事观赛游、F1 赛事游等。当前我国的体育旅游市场有待进一步开发,预计未来几年,体育旅游市场产值将提升到占全国体育旅游收入的 25% 左右。

第三节　体育旅游者

一、体育旅游者的定义

体育旅游者即为参与体育旅游活动的人,其是为了获得精神满足和自我实现等为目的而离开常住地,参与或观赏各种形式的体育活动,在这一过程中进行了一定的相应的经济消费。具体而言,体育旅游者具有如下几方面的内涵。

其一,体育旅游者参与体育旅游活动的主要目的是为了满足自身的精神享受和现实需要。如今,那些一般性的观光旅游活动已经逐渐不能满足体育旅游者的需要,体育旅游这一特殊的旅游活动形式具有较强的参与性和体验性,旅游者参与其中,能够获得良好的情感体验。体育旅游形式多样,可以满足人们不同的需要,达到实现自我,提高自我的精神追求。

其二,体育旅游者在参与体育旅游活动时,其总的参与时间一般都在一天以上。人们参与一天以内的活动时,多为一般性体育活动或活动观赏,而一般意义上的体育旅游活动需要离开居住地,时间相对较长。

其三,体育旅游者参与的是以体育活动为主体的旅游活动,在参与体育旅游活动时,人们将体育运动作为旅游活动的重要手段,如进行徒步游、骑行等。同时,人们在到达目的地之后,也可进行各种形式的体育活动,如滑雪、冲浪等,或观看各种形式的体育赛事。在没有参与各种形式的体育活动的情况下,旅游者并不是体育旅游者。

其四,人们在参与各种形式的体育旅游活动时,需要一定的成本支出,如体育旅游的装备和体育旅游的过程都需要一定的经济支出,这是不可避免的。

二、体育旅游者的类别及特征

体育旅游者根据不同的划分标准分为不同的类型，具体而言，体育旅游者的类别划分及其特征如下。

（一）按体育旅游外环境类型划分

根据旅游者参与体育旅游的外环境类型进行划分，可将体育旅游者分为山地项目型、水上项目型、空中项目型、冰雪项目型等类型。

1. 山地项目型

参与山地项目型的体育旅游者相对较多。这些项目主要以山地资源为基础，人们在此基础上开展各种形式的体育旅游活动。体育旅游者经常开展的活动项目主要有：登山、攀岩、高山探险等。山地体育旅游发展迅速，备受人们青睐。

2. 水上项目型

参与水上项目的体育旅游者也较多，其主要依托于各种水资源而开展各种水上体育旅游活动。人们参与水上体育活动多在夏季，或在热带地区进行。其体育项目包括冲浪、帆船、漂流等。

3. 空中项目型

体育旅游者参与空中项目的人数相对较少。空中项目是在近年来逐步兴起的，这类项目成本相对较高，参与者多具有较高的收入。这一类型的运动项目包括跳伞、滑翔伞、翼装飞行等。

4. 冰雪项目型

冰雪项目近年来也展现出了良好的发展势头，尤其是冬季奥运会的申办成功，吸引了更多的人参与到冰雪项目中去。冰雪型项目受到季节的影响，在东三省开展较为广泛。常见的冰雪类项目包括滑雪、滑冰等。

（二）按运动强度及危险性划分

1. 休闲健身型

休闲健身型体育旅游者其参与的体育旅游活动多为一些相对较为休闲，充满娱乐感的运动项目，运动量不大，具有安全保障。这些运动项目包括钓鱼、打高尔夫球等，参与这些类型的体育旅游活动项目的主要目的是为了放松身心，对体育旅游者的技能要求不高，体育旅游者对于名次不会太在意。

2. 技术竞赛型

技术竞赛型体育旅游者其参与体育活动时，对于名次相对较为注重，并且自身具备一定的运动技能。很多人进行体育旅游活动就是为了去夺得相应的运动成绩。具体而言，这一类型的体育活动项目包括帆船、定向越野、滑雪等。

3. 冒险刺激型

冒险刺激型体育旅游者参与的体育活动项目包括漂流、攀岩、蹦极等活动。这一类型的体育旅游者通过参与这些形式的体育活动来挑战自我，对于一些平淡无味的旅游项目并不喜欢。近年来，参与这一类型的旅游者不断增多。

（三）按年龄阶段划分

1. 少年儿童体育旅游者

少年儿童体育旅游者是在父母和学校的引导下来开展各项体育旅游活动的。家长为了培养儿童各方面的能力，会让少年儿童参与各种形式的"训练营""夏令营"等。少年儿童参与这些活动的时间相对不长，并且强度相对较小。

2. 青年体育旅游者

青年体育旅游者是相对较为活跃的群体，其喜欢追求时尚，喜欢挑战自己,追求刺激和冒险,因此在体育旅游时,其多选择一些漂流、越野、登山等运动项目。

3.成年体育旅游者

成年人具有较强的经济实力,身体发育良好,其在进行体育旅游时,参与的运动项目相对较为丰富。其通过参与体育旅游主要是为了缓解生活和工作的压力,其参与各项体育旅游关键在于是否具有相应的闲暇时间。成年人参与体育旅游时,多同家人一起参加,这一类型的体育旅游者对于活动的环境、条件等具有相应的要求。

4.老年体育旅游者

老年体育旅游参者人数正在逐步增多,其已成为了体育旅游群体的重要组成部分。老年人的体力相对较弱,其多参加一些相对较为平和的运动项目,如钓鱼、自行车骑游等。我国将逐步进入老龄化社会,并且随着人们生活水平的不断提高,老年人参与体育旅游的积极性也在不断增强,因此未来老年人参与体育旅游的人数将会不断增加。针对这一发展现状,我国应积极完善老年人体育旅游者的体育旅游体系,促进老年人体育旅游产业的发展。

第四节 体育旅游业

一、体育旅游业概述

(一)体育旅游业的概念

1.体育旅游业阐析

体育旅游业在我国得到了快速的发展,虽然其发展起步较晚,但是未来几年,其将成为旅游业的重要组成部分。体育旅游是一种重要的旅游项目,其具有一般旅游项目的特点,同时也具有自身的独特性。体育旅游业以体育旅游资源为基础,以旅游活动为载体,满足了人们体育和旅游等方面的综合需求。具体而言,体育旅游业具有如下几方面的内涵。

(1)体育旅游资源是体育旅游业的主要依托。在开展体育旅游业时,需要具有一定的体育旅游资源,这样才能够对体育旅游者具有充分的吸引力。

(2)体育旅游企业开展的体育旅游活动其服务对象为体育旅游者。

(3)体育旅游产业由各种相互关联的行业构成,其是一种综合性的产业。体育旅游内部各行业通过提供相应的产品和服务来满足体育旅游者的不同需求,促进体育旅游活动的开展。其内部各行业开展经营活动的基础是体育旅游者的需求,即为各项生产活动为满足体育旅游者的需求而展开。

2. 体育旅游业的构成

一般可将体育旅游业分为直接体育旅游业和间接体育旅游业。所谓直接体育旅游业,主要是指那些与体育旅游者密切相关的产业,需要体育旅游者进行消费才能够使得这些企业得以存在,这些体育旅游企业包括旅行社、交通、通讯、旅馆、餐饮等。间接体育旅游企业则主要服务对象并不是体育旅游者,体育旅游者的存在与否并不会危及这些企业的生存,这些企业包括销售业、游览娱乐企业等。

由此我们可以看出,对体育旅游业构成的一般看法是建立在直接体育旅游企业这一基础上的,而较为全面的看法则既包括直接体育旅游企业,也包括间接体育旅游企业,同时还包括支持发展体育旅游的各种旅游组织。最终我们可以得知我国体育旅游业的构成部门主要有以下几个方面。

(1)体育旅游餐饮住宿业,主要包括饭店、宾馆、餐厅、野营营地等。

(2)旅行业务组织部门,主要包括体育旅游经营商、体育旅游经纪人、体育旅游零售代理商、体育运动俱乐部等。

（3）交通运输通讯业，主要包括航空公司、海运公司、铁路公司、公共汽车公司、邮政局、电信局等。

（4）游览场所经营部门，主要包括体育主题公司、体育运动基地等。

（5）目的地旅游组织部门，主要包括国家旅游组织（NTO）、地区旅游组织、体育旅游协会等。

上述五个部门之间都存在着共同的目标和相互促进的联系，这便是通过吸引、招揽和接待外来体育旅游者促进体育旅游目的地的经济发展。虽然其中某些组成部分不是以直接营利为目的的企业，例如，体育旅游目的地的各级旅游管理组织。但它们在促进和扩大商业性经营部门的盈利方面起着重要的支持作用。

（二）体育旅游业的性质

一个国家发展旅游的动机通常都会涉及政治、社会和经济几个方面，并且往往以其中的一项作为重点，并且兼顾其他两个方面。但是，根据旅游业的发展状况，国家会对旅游动机的重点进行适当的调整。可以说，这是一个国家政治、经济和社会发展的需要。从国家的角度来看，推动和促进旅游发展的工作乃是一项有着多重目的的事业，因此，对此的重视程度也相对较高一些。

在我国市场经济条件下，旅游业作为一项产业，其将通过对旅游的推动和提供便利服务来从中获取收入作为主要目的。以营利为目的并需要进行独立核算的经济组织，就是所谓的企业，而各类旅游企业是旅游业的主要构成因素。由此可以得知，旅游业有着较为显著的营利性质。因此，旅游业也必须进行经济核算。另外，需要强调的是，从根本上来说，旅游业是一项经济性产业，因此，并没有将其列入文化事业的范畴，而是将其列为国民经济的组成部分。

体育旅游是一种新型的旅游产品，其与普通的旅游一样，包括食、住、行、游、购、娱等环节，而这些方面都是体育旅旅游产品的具体内容。虽然体育旅游产品的内容不同,但都涵盖在消费者体育旅游这一过程之中。体育旅游是一个过程,在这一过程之中,企业为消费者提供各种产品和服务。体育旅游产品的内涵和外延,伴随着科学技术的快速发展、社会的不断进步以及消费者日趋个性化的需求也在不断扩大。以现代观念对体育旅游运动产品进行界定,体育旅游产品是指旅游企业为了满足体育旅游者活动过程中的各种需求,而向体育旅游市场提供的各种物品与服务。体育旅游产品的外延也从产品的基本功能向产品的基本形式、期望的产品属性和条件、附加利益和服务以及产品的未来发展等方向拓展。

综上所述,体育旅游是现代大众旅游中的一项特种旅游,是旅游业的重要组成部分。体育旅游属于经济性产业范畴,有着较为显著的经济属性,具体来说,就是其是具有经济性质的服务行业,并且将通过为体育旅游者的体育旅游活动提供便利服务而获取经济收入作为其根本目的。

（三）体育旅游业的基本特征

体育旅游业是旅游项目中的一种特殊形式,其具有一般旅游行业的普遍特征,同时其也具有其独特性。体育旅游企业通过向体育旅游者提供相应的体育旅游活动而获取相应的收入,作为服务行业,其特征表现在如下几方面。

1. 综合性

体育旅游业具有综合性特点,这主要是因为,人们在进行体育旅游消费时,有着不同的需求,体育旅游企业通过提供各种不同的体育旅游服务来满足人们的需求。在这一过程中,体育旅游企业获得相应的收益。

体育旅游者的需求是多方面的,整个旅游过程中的食、住、娱等都具有一定的需求,为了满足消费者的这些方面的需求,体育旅游企业发展为多种形式的类型,满足旅游者的各方面服务,整个旅游过程中提供的服务是全面的、综合性的。

为体育旅游者提供不同类型的服务的企业形成了相对较为独立的行业,但是其共同统一于满足体育旅游者的需求,这将其联系在一起,从而构成了一个综合性的系统。体育旅游者的体育旅游消费是一种综合性的消费,整个过程的消费体验都会影响到消费者的心理,如果对一个环节感到不满,则整个体育旅游的体验过程效果就要大打折扣。因此,为了实现体育旅游业的可持续发展,促进体育旅游者多次重复参与其中,需要体育旅游的各个环节作为一个整体,为体育旅游者提供良好的服务。

2. 服务性

随着经济社会的发展,国民经济的产业结构正在逐步进行优化调整,第一第二产业的比重出现了一定程度的下降,第三产业的比重则逐步上升。第三产业即为服务性行业,体育旅游业即为第三产业的重要组成部分,其越来越受到人们的重视。

体育旅游业产品是一种服务,人们进行消费的过程也就是企业提供服务的过程。有时体育旅游业可能会出现一些实物产品的形式,但是整个体育旅游的过程是一种无形的产品。对于体育旅游者而言,一次体育旅游获得最多的是一种经历和记忆,开拓了眼界和思维,是一种良好的心理和精神方面的感受。体育旅游业具有服务性特征。

3. 依托性

体育旅游业是在经济社会发展到一定程度的基础上而形成和发展而来的,其对经济社会的各方面的具有一定的依赖性。具体而言,这一依托性主要表现在如下几方面。

(1)体育旅游业的发展依托于国民经济的发展,国民经济的发展水平是其产生和发展的重要基础。一个国家和地区的国民经济发展水平不高,则其体育旅游的发展必然会受到限制。在国民经济不断发展的基础上,人们的生活水平不断提高,闲暇时间逐渐增多,从而在体育旅游消费方面的投入才可能增加。

（2）体育旅游业的发展依赖于相应的体育旅游资源，体育旅游资源是体育旅游业发展的重要物质基础。东北地区正是依赖于其良好的自然环境条件，能够开展各种形式的冰雪体育旅游，而我国海南岛良好的滨海和热带气候条件，才能够促进其滨海体育旅游业长盛不衰。体育旅游并不是单纯的旅游活动，体育旅游资源是其前提条件。只有区域内具备丰富的体育旅游资源，并具有完善的配套设施，才能够促进体育旅游产业的发展。总而言之，一个国家和地区体育旅游资源的多少，将在很大程度上影响其体育旅游业的发展水平。

（3）体育旅游业是一种综合性的产业，其发展依赖于各部门和行业之间的密切合作，如果没有了其他行业的支持，体育旅游业的发展也会困难重重。

4. 风险性

在第一节中我们提到，体育旅游具有一定的风险性，这也使得体育旅游业成为了较为敏感的行业，从业者面临着较大的压力。体育旅游不同于普通旅游活动，其需要旅游者具有一定的体育运动技能和风险防范知识。体育旅游企业各有特色，多以私营企业为主，并且可进行多次消费。同时，体育旅游业在发展过程中，受到多方面因素的影响，都会导致一定的亏损状况。具体而言，体育旅游运营所面临的风险主要表现在以下几方面。

其一，体育旅游者的需求变化相对较大，体育旅游需求受到自然的、政治的、经济的和社会等方面的因素的影响，当这些因素发生变化时，体育旅游消费者的需求就会发生较大的变化，从而对体育旅游业的发展产生较大的影响。

其二，上文我们提到，体育旅游业具有较大的依托性，这就使得其经营存在较大的风险。体育旅游业的发展更加容易受到整体经济发展环境的影响，当整体发展环境不良时，必然会导致体育旅游业发展的不良发展。

5. 关联性

体育旅游业具有较强的综合性和依托性，这也就导致了其必然具有关联性。所谓关联性，即为体育产业由多个产业群体构成，各产业之间具有相应的经济联系，构成了相应的供需整体。体育旅游产业的关联性不仅涉及直接提供各种体育旅游产品和服务的行业，如住宿餐饮业、交通运输业、观赏娱乐业等，也涉及间接提供产品和服务的行业，例如，外贸、地产、食品等。体育旅游产业发展过程中，必然会带动这些关联产业的发展，从而促进地区经济水平的提高。

6. 涉外性

体育旅游产业具有一定的涉外性，并且随着经济社会的全球化发展，这一特点将更加明显。在全球化发展过程中，国家与国家之间的交流不断增多，出国旅行成为了很多人的选择，这也使得体育旅游业成为一项可以涉及国与国之间的交往的产业，体现出了较强的涉外性特征。随着体育旅游产业的不断发展，其知名度的不断提高，其涉外性将更加明显。

（四）体育旅游业的作用

体育旅游业是体育旅游发展的重要载体，对于经济社会各方面都具有重要的意义。本书对体育旅游业的重要作用的研究主要集中于其对体育旅游发展的积极推动作用。具体而言，其积极作用主要表现在如下几方面。

1. 供给作用

体育旅游业在推动体育旅游发展过程中起到了良好的供给作用，主要从它是体育旅游供给的重要提供者方面得到体现。体育旅游业为体育旅游者提供产品供给，如果没有这一供给作用，体育旅游则可能出在自生自灭的状态。在体育旅游业的供给作用下，体育旅游走向规范化、市场化发展，得到了更广泛的普及，参与人群也在不断增多。因此,体育旅游的产业化发展是其能够得到健康、有序发展的重要保证。

2.组织作用

体育旅游业具有一定的组织作用,促进了体育旅游市场的发展壮大。体育旅游的供给与需求构成了体育旅游市场,这也是体育旅游业存在的重要基础。在体育旅游业发展过程中,供给与需求相互协调,两者的相互作用下共同促进了体育旅游业的发展。

体育旅游业在供给方面要以市场的需要为主要依据,来组织和生产相应的配套产品,提供给市场和旅游消费者;而在需求方面,体育旅游业通过多种营销手段来为自己的产品笼络消费者,将体育旅游消费者引导向自己的产品。在这一过程中,体育旅游业组织和沟通了供需,实现了两者之间的协调和互动。

从旅游业诞生之日起,其就突出了其重要的组织作用,而且正是由于这种组织作用,才使体育旅游业从无到有,并且对体育旅游活动的规模发展起到了积极的推动作用。体育旅游业发挥组织作用产生了非常多且有意义的结果,其主要从现代包价体育旅游的推出和包价体育旅游团以及自助的"背包客"的流行等方面得到体现。

3.便利作用

体育旅游业为人们提供产品和服务,便利了人们的生活,这是体育旅游的重要特点。体育旅游业为体育旅游消费者提供各种各项的体育旅游产品和服务,以满足其各方面的需求。

体育旅游者利用体育旅游业提供的旅游服务,已经成为一种较为普遍的现象。尽管使用体育旅游业提供的旅游服务并不是体育旅游者旅游的目的所在,但是,旅游服务也起到了非常重要的作用,其不仅将客源地与目的地联系在一起,同时也将旅游动机与旅游目的实现起到了重要的连接作用。在已经具备了需求条件的前提下,旅游过程中有可能遇到的各种困难问题担心已经可以通过体育旅游服务来得以解决。同时,也不必担心他们的旅行以及在旅游目的地停留期间的生活和活动,有关的体育旅游企业都能够为他们将这些方面安排好。体育旅游业的这种便利作用在很大程度上刺激了体育旅游活动的发展。

不难发现,正是在体育旅游业便利作用的影响下,体育旅游活动的规模正在逐步过大,不仅参与体育旅游的人数逐步增多,人们在参与体育旅游活动时,出行的距离也越来越远,参与的项目也更加丰富多彩。这在一定程度上又促进了体育旅游业的进一步扩大,体育旅游业具有了更加广阔的社会发展环境。

总而言之,现代体育旅游业的快速发展,与其便利作用具有重要的关系。体育旅游业的便利作用积极推动了体育旅游活动的开展。企业在体育旅游业发展过程中,也应积极注重其便利作用,这样才能够更好地实现企业的发展。

二、体育旅游业发展的影响因素

(一)自然条件与自然资源是体育旅游业发展的物质基础

1. 自然资源和自然条件是体育旅游业发展的直接因素

自然资源和自然条件是体育旅游开展的物质基础,其是体育旅游的场所,决定了体育旅旅游体育旅游的形式和规模。自然资源条件不同,则体育旅游活动形式也不同,多山地区可开发爬山、攀岩、徒步等活动,而水资源丰富的地区可开发漂流、潜水、游泳等活动。

2. 自然资源和自然条件决定了体育旅游产品的特色与优势

体育旅游资源具有区域特色,不同地区具有一定的差异性,从而使得不同地区的体育旅游资源产品也具有其鲜明的特色。

(二)地理位置是体育旅游业发展的外生因素

1. 独特的地理位置是体育旅游业发展的外部条件

地理位置不同,则其体育旅游项目的类型和内容不同,在北方地区,体育旅游项目有冰雪活动,而南方多水地区则主要是水上活动。

2. 地理位置影响体育旅游产品的特色与竞争力

地理位置不同,则其自然资源、人文资源会具有不同的地域特色,这是其有别于其他形式的体育旅游的鲜明特点。不同的地理位置形成了各具特色的体育旅游项目。

（三）旅游业的实力是体育旅游业发展的坚实基础

1. 旅游业的发展程度直接影响体育旅游业的发展

体育旅游业与旅游业密切联系,旅游业的发展水平在很大程度上影响体育旅游业的发展。体育旅游业发展程度较高,则其具有完善的基础设施,体育旅游业在此基础上能够得到更好的发展。体育旅游消费者不仅想要实现体育健身娱乐,还要体验相应的旅游经历,因此旅游业对于体育旅游具有直接的影响作用。

2. 旅游业的实力影响区域体育旅游业的发展水平和方向

旅游业的发展对于体育旅游业发展的影响还表现在,其发展对于体育旅游业发展的水平和方向具有重要的影响。在市场经济条件下,市场需求是产业发展的关键。区域体育旅游业的发展为体育旅游发展提供了可能,并在一定程度上影响着体育旅游发展的方向和发展的水平。在发展体育旅游时,应按照地区的资源,采用合适的模式进行开发,实现体育旅游与旅游产业的整合发展。

（四）基础设施是体育旅游产业发展的必备条件

1. 基础设施是开展体育旅游业的硬件设备

基础设施是开展体育旅游活动的前提,这不仅包括各项体育旅游的产品设施,还包括住宿、餐饮等方面。体育旅游企业不仅要实现自身的发展,还应促进体育旅游产品质量的提升。

2. 完善的基础设施影响体育旅游产品的质量与竞争力

旅游资源发展的地区,其基础设施较为完善,影响着人们对旅游服务的评价。设备、住宿、交通条件等都共同影响着体育旅游市场的开发。旅游的目的地如果基础设施缺乏,体育活动路线单调,就会使得消费者产生审美疲劳,从而降低其消费体验。

第五节　体育旅游资源

一、体育旅游资源概念

体育旅游资源是旅游资源的重要组成部分,其对于体育旅游者必须具有一定的吸引力,能够激起人们进行旅游活动的热情,并投入到相应的体育项目中去。如果体育旅游资源对于体育旅游者缺乏吸引力,则难以激发人们的体育旅游动机。体育旅游资源包括体育旅游目的地、体育旅游设施、体育旅游项目等方面的内容。

体育旅游的设施、体育旅游项目等是体育旅游的人们进行体育旅游的对象,其不仅包括了那些已经开发了各种体育旅游资源,还包括相应的具有充分潜力的资源,这些具有潜力的部分能够充分满足体育旅游者的探索需求,从而使得体育旅游者在探索过程中获得良好的体验。体育旅游设施服务于体育旅游活动,能够满足体育旅游者进行相应的体育、娱乐方面的需求。

体育旅游对象是整个体育旅游产品的最为重要的部分,在开展各项体育旅游活动时,开发者和相关的企业应注重对其进行合理开发,积极进行保护。将各种单体的体育旅游对象有机地聚集在某一地区,经开发创造出一个旅游环境后,该地区就被旅游者认定为旅游目的地。体育旅游者选择目的地首先考虑的是体育旅游资源。这个目的地的旅游对象种类越齐全,内容越丰富,数量越多,质量越高,它的吸引力就越大。

由此,我们可以将体育旅游资源定义为在自然界或人类社会中能对体育旅游者产生吸引力,激发其体育旅游动机,并付诸其体育旅游行为,为旅游业所利用且能产生经济、社会、生态效益的事物。

二、体育旅游资源的分类与功能

（一）体育旅游资源的分类

1.按自然资源分类

（1）地表类

地表类体育旅游资源主要是指山地、山峰、峡谷、洞穴、沙滩、戈壁、荒漠等。其可开展的体育旅游项目包括野营野炊、登山、攀岩、速降、洞穴探险、徒步穿越、滑沙、沙滩排球、沙地足球等。

（2）水体类

水体类体育旅游资源主要是指江河、湖泊、溪流、瀑布、海洋等。其可开展的体育旅游项目包括潜海、滑水、冲浪、漂流、溯溪、溪降、瀑降、垂钓、划船、游泳、扎筏渡河等。

（3）生物类

生物类体育旅游资源主要是指森林风光、草原景色、古树名木、珍稀动植物等。其可开展的体育旅游项目包括森林穿越、野外生存、草原骑游、溜索、滑草、狩猎、观花、观鸟等。

（4）大气类

大气类体育旅游资源主要是指云海、雾海、冰雪、天象胜景等。其可开展的体育旅游项目包括溜冰、滑雪、攀冰、高山摄影、滑翔伞、滑翔机、热气球等。

（5）宇宙类

宇宙类体育旅游资源主要是指太空、星体、天体异象、太阳风暴等。由于目前的科学技术水平有限,只有极少数人可以从事太空飞行、太空摄影、太空行走、登月探险等活动。但随着人类航天技术的不断发展和进步,在将来一定能够将太空旅游大众化。

2. 按人文资源分类

(1)历史类

历史类体育旅游资源主要是指古人类遗址、古建筑、古代伟大工程、古城镇、石窟岩画等。其可开展的体育旅游项目包括考古探险、徒步穿越、驾车文化溯源等。

(2)民族民俗类

民族民俗类体育旅游资源主要是指民族风情、民族建筑、社会风尚、传统节庆、起居服饰、特种工艺品等。其可开展的体育旅游项目包括射箭、赛马、摔跤、秋千、推杆、民族歌舞竞赛等。

(3)宗教类

宗教类体育旅游资源主要是指宗教圣地、宗教建筑、宗教文化等。其可开展的体育旅游项目包括转山、转庙、登山、徒步文化溯源等。

(4)园林类

园林类体育旅游资源主要是指特色建筑、长廊、人工花园、假山、人工湖等。其可开展的体育旅游项目包括野营、野炊、垂钓、划船、定向穿越、丛林激光枪战等。

(5)文化娱乐类

文化娱乐类体育旅游资源主要是指动物园、植物园、游乐场所、狩猎场所、文化体育设施等。其可开展的体育旅游项目包括野营、野炊、狩猎、垂钓、划船、定向穿越、观赏体育赛事等。

3. 按活动类型资源分类

(1)观赏类

精彩的体育节庆和赛事会吸引大量的观赏型体育旅游者前来观看,观众就是观赏性的体育旅游者,例如,观看奥运会、世界杯足球赛、全运会等。

（2）竞技类

竞争激烈的体育赛事吸引运动员、教练员欣然前往，运动员和教练员在时间、空间、活动内容方面也符合体育旅游的统计标准。

（3）体验类

轻松有趣的休闲方式吸引人们前来体验，如不少的野营野炊和自驾车体育旅游者就为寻求一种经历，追求一种感受。

（4）探险类

通过向自身极限和自然的艰险挑战自我、战胜自我，以获得"高峰体验"来达到自我实现，如登极高山、无氧攀登、洞穴探险等。

（二）体育旅游资源的功能

1. 体育旅游资源是现代旅游活动的客体

体育旅游资源是体育旅游活动的直接对象，其包括各种自然和社会方面的因素。作为体育旅游的核心部分，体育旅游资源也是现代旅游活动的重要客体。体育旅游是旅游业的重要组成部分，各种形式的体育旅游资源的开发促进了旅游业的发展，丰富了旅游业的内容，从而为人们参与旅游更加了更多可供选择的形式。

2. 体育旅游资源的吸引功能

上文我们提到，体育旅游资源对于体育旅游者具有重要的吸引力，使其产生参与体育旅游的动机。因此，体育旅游资源具有重要的吸引功能，能够吸引更多的人参与到体育旅游中。体育旅游资源的吸引功能有强弱之分，吸引功能较强的体育旅游资源，其体育旅游价值较高。体育旅游资源的吸引功能是相对于体育旅游者而言的，可能相同的体育旅游资源，对于不同的体育旅游者具有不同的吸引力。有些人可能对滨海体育旅游充满激情，而另一些人则对山地体育旅游情有独钟。

3. 体育旅游资源的效益功能

效益功能是体育旅游资源的一个最为直接和重要的功能,通过开发和利用体育旅游资源不仅可以为其体育旅游业产生直接的经济效益,而且还能对与体育旅游业相关产业的经济收益产生一定影响。当前许多国家或地区把旅游业作为本国和本地区的支柱产业或经济增长点,体现了旅游资源开发的综合经济效益。除了经济效益功能,体育旅游资源还具备一定的社会效益和生态效益功能。例如,体育旅游资源的合理开发利用,可改善和美化旅游地的环境,提升区域与城市形象,促进区域间的文化交流以及精神文明的建设,这些都集中体现了体育旅游资源所具备的社会效益和生态环境效益功能。

第三章 我国体育旅游产业发展现状分析与探讨

我国体育旅游产业起步较晚,发展程度较体育旅游产业发达国家还存在着一定的差距。但是单从自身的纵向发展来看,其速度还是比较快的。受多种因素的影响,我国体育旅游产业取得了一定的发展成效,但是同时仍然存在着一些问题亟需解决。本章主要对我国不同人群参与体育旅游的现状、我国体育旅游产业发展的现状以及趋势与对策进行深入地分析和阐述。

第一节 我国不同人群参与体育旅游的现状

一、不同性别人群参与体育旅游的现状

(一)参与体育旅游的动机分析

性别不同,体育旅游的动机也会存在着一定的差别。从相关调查研究中可以得知,不管是男性人群还是女性人群,其参与体育旅游的主要动机都不会超出娱乐、休闲和健身这些个范畴。除此之外,寻找刺激也是男女群体参与体育旅游的重要动机之一,只不过其所占的比例相较于其他几个方面要稍小一些。由此,可以将人们对体育旅游的动机做一个总的排序,依次为:娱乐、休闲、健身、寻找刺激。通过进一步分析可以得出,娱乐和休闲动机方面,女性要高于男性;而健身和寻找刺激方面,则男性高于女性。

（二）对体育旅游的认知分析

通过对不同性别人群对已开发体育旅游项目的认知情况的调查中可以得知,在体育旅游项目中,人们的认知程度比较高的主要有滑雪、登山、游泳、漂流、垂钓、野营、攀岩、远足和潜水这些项目。通过进一步的分析可以得知,男性在各项目选择的百分比上都比女性要稍高一些,但差距并不显著。除此之外,男女不同人群在对其他项目的认知上也存在一定的差异性,比如,男性对体育旅游项目认知程度比较高的项目以狩猎、冲浪等刺激性项目为主。

（三）体育旅游经历分析

对不同性别人群体育旅游经历的分析,主要从人数比例和活动项目两个方面入手。

首先,在人数比例方面,在对是否有过体育旅游活动经历的调查中发现,男女参加体育旅游有着非常显著的差异性,这主要在男女参加体育旅游活动的人数比例上得到体现,其中男性参与过体育旅游活动的大约占35.9%,女性则占28%。由此可以看出,男性参加体育旅游活动的意愿要高于女性。

其次,在体育旅游活动项目方面,在对不同性别人群参与体育旅游活动项目的调查中可以得知,参加运动会、登山、野营等一般的体育活动,男女之间的差异是非常小的;差异性较大的主要在滑雪、漂流、潜水、探险、攀岩等极限运动项目上。由此可以得知,一定要将性别因素作为发展与开发体育旅游项目时考量的重要因素,同时,也要遵循针对性原则。

（四）体育旅游消费分析

在相关的调查研究中发现,参加过体育旅游不同性别的人群,过去对体育旅游的消费水平普遍较低,只有很少一部分人会花费大量的金钱去参与体育旅游。一方面,是由于经济水平的限制,还有一方面的原因,是体育旅游有些项目的收费过高。而不同的性别之间,由于消费观念的不同,用于体育旅游方面的消费,男性要普遍高于女性。

二、不同年龄人群参与体育旅游的现状

（一）参与体育旅游的动机分析

体育旅游动机的影响因素中,年龄也是非常重要的一个方面。因此,不同年龄人群的体育旅游动机也存在着一定的差别。根据相关调查可以看出,休闲是各个年龄人群参与体育旅游的相同动机,但是,也存在着一定的差别。7—15 岁、16—20 岁和41—45 岁人群的体育旅游动机的排序为:娱乐、休闲、健身、刺激;21—25 岁、26—30 岁、31—35 岁和 36—40 岁人群的体育旅游动机的排序为:娱乐、健身、休闲、刺激;46—50 岁人群的体育旅游动机排序为:休闲、健身、娱乐、刺激;51—65 岁人群的体育旅游动机排序为:健身、休闲、娱乐、刺激;66—70 岁人群的体育旅游动机排序为:健身、娱乐、休闲、刺激;70 岁以上人群的体育旅游动机排序为:健身、娱乐、休闲、刺激。总的来说,不同年龄人群参与体育旅游的动机存在差异性主要与其身心发展特点有着较大的相关性。

（二）对体育旅游的认知分析

不同年龄阶段人群的身心特点和阅历都会不同,因此,他们对体育旅游的认知情况也会有一定的差异性。

从对体育旅游概念认知程度的调查和研究中可以得知,对体育旅游概念的认识程度最高的年龄阶段为 16—30 岁,在这个阶段之后,会呈现出下降的趋势。另外,对体育旅游概念的认知程度还有两个高峰期,就是 41—45 岁和 61—65 岁这两个年龄段,其他年龄段的人群对体育旅游概念的认知程度都会不同程度地低一些。

从对体育旅游作用认知度的调查和研究中可以得知,不同年龄阶段的人群对体育旅游作用的认知程度也会有所差别。具体来说,7—31岁、50—60岁以及65岁,这几个年龄段都属于对体育旅游作用的认知程度较高的几个峰值,这几个年龄段后,对体育旅游作用的认知程度开始呈现出下降的现象;而31—50岁、60—65岁则属于谷值,这两个年龄段之后,人们对体育旅游作用的认知程度开始逐渐提升。

（三）体育旅游经历分析

通过调查发现,不同年龄人群参加体育旅游活动的差异性也是较为显著的。从整体上来说,随着年龄的不断增长,人们参与体育旅游活动的机会却越来越少。在参与体育旅游活动的人群中,7—15岁是最高的,其次是26—30岁,再次是36—40岁,最后则是51岁以上人群。

（四）体育旅游消费分析

通过调查研究发现,不同年龄人群用于体育旅游的消费存在着较为显著的差异性,同时,消费情况也与这些人群体育旅游的动机和精力有关,比如,过去参加过体育旅游且未来希望继续参加的,以前没有参加过未来希望参加的的人群的消费水平就会存在着一定的差异性。由此可以得出一个结论,即不论过去是否参加过体育旅游,其体育旅游消费与不同人群的年龄特征都有着内在的联系。

参加过体育旅游的不同年龄人群消费情况有着极大的差别,一般的,年龄越小的人群,他们是消费水平越低,随着年龄的不断增长,其消费水平也呈现出越来越高的趋势。由此可以得知,体育旅游消费水平与人们的旅游经历是成正比的。

三、不同文化程度人群参与体育旅游的现状

（一）参与体育旅游的动机分析

不同文化程度的人群，他们对事物的认知程度会不同，因此，他们参与体育旅游的动机也会有所不同。从该方面的调查研究中可以得知，娱乐、健身、休闲，是人们参与体育旅游的三个主要动机，动机最低的是寻求刺激。一般来说，初中以下文化程度人群的体育旅游动机最高的是娱乐，然后依次是休闲、健身、刺激；高中或中专文化程度人群的体育旅游动机最高的也是娱乐，然后依次是健身、休闲、刺激；大专或本科文化程度人群的体育旅游动机最高的是健身，然后依次是娱乐、休闲、刺激；研究生文化程度人群的体育旅游动机最高的是娱乐，然后依次为健身、休闲、刺激，尽管高中或中专文化程度以上人群的体育旅游动机都是一样的，但是，它们之间的比例是有所差别的。

随着人们学历水平的不断提高，这四个方面的动机的比例会发生一定的变化，比如，健身、休闲、刺激的比例都会有所增高，但是，健身的比例并不是一直提高的，到了大专或本科之后就会出现降低；娱乐动机往往是较为稳定的，不会发生较大的变化。

（二）对体育旅游的认知分析

人们对体育旅游的认知程度会在一定程度上受到人们文化程度的影响。通过调查研究发现，随着文化程度的不断提升，人们对体育旅游概念的认知程度也会越来越高；在对体育旅游作用的认知进行研究发现，随着文化程度的提升，认知也是呈现出逐渐上升的趋势。

从整体上来说，随着文化程度的不断提升，人在价值观、审美情趣和休闲方式等方面的认识的全面程度和深入程度都会有较大程度的提升。一般来说，思想较为先进，接受较为新潮的事物

就越容易,因此,对体育旅游的整体认知度就会越来越高。

（三）体育旅游经历分析

总体来看,在不同文化程度人群中,随着学历的提高,参与体育旅游活动的人群的相关经历也会越来越多,而没有参与过体育旅游活动的人数则相对要少一些。

一般情况下,不同文化程度的人群在参与过体育旅游活动项目的选择上会有一定的差异性。从整体上来说,文化程度越来越高,大多数运动项目的参与人数也会逐渐有所上升,但是,也存在着一定的个例,比如,游泳、垂钓等。还有一些项目是随着文化程度的提升其参与人数逐渐下降的,最具有代表性的是远足项目。由此可以得知,体育旅游项目的开展,与参与人群文化程度都会有着或大或小的影响。

（四）体育旅游消费分析

从对体育旅游消费的相关调查研究中可以得知,参加过体育旅游的人群,文化程度越高,他们在体育旅游消费水平就越高,参与的人数也是越来越多。而文化程度越低的人群,他们往往是处于体育旅游水平最低的阶段。同样的,文化程度居中的人群,他们体育旅游消费的水平也往往处于中等水平。

四、不同职业人群参与体育旅游的现状

（一）参与体育旅游的动机分析

职业不同,参与体育旅游的动机也会存在着一定的差别。从相关的调查中可以得知,娱乐是大部分职业人群参与体育旅游的主要动机,其次是健身,再次是休闲,最后是刺激。不同职业的体育旅游动机类型不同,下面就分析较为典型的几种。

1. 国家机关、党群组织、企业、事业单位负责人参与体育旅游的动机

国家机关、党群组织、企业、事业单位负责人参与体育旅游的动机类型为：健身、休闲、娱乐、刺激型。具体来说，这类人群为了保证较长的工作时间，对体魄有着较高的要求，因此，对健身较为重视；而休闲、娱乐可以借助考察、游览的机会获取，因此，对这些方面的关注程度稍少一些。

2. 专业技术人员体育旅游的动机

专业技术人员体育旅游的动机类型为：健身、娱乐、休闲、刺激型。对于这类人群来说，他们对健康的要求也较高，因此，将健身排在首位，相较于单位负责人来说，专业技术人员出游、考察的机会要少许多，因此，娱乐是他们的第二动机，然后是休闲，最后是刺激。

3. 办事员、农民、工人和待业人员体育旅游动机

办事员、农民、工人和待业人员体育旅游的动机类型为：娱乐、健身、休闲、刺激型。对于这类人群来说，由于他们的经济水平较低，除有机会较少，因此，他们将娱乐放在首位，休闲和健身其次，然后是刺激。

4. 商服、军人、学生以及其他不便分类的其他人员体育动机

商服、军人、学生以及其他不便分类的其他人员体育动机类型为：娱乐、休闲、健身、刺激型。对于这类人群来说，他们对娱乐、休闲、健身的动机程度相差无几。在这类人群中，学生具有较强的猎奇心理，因此，他们对娱乐和刺激的追求程度较高。

5. 离退休人员体育旅游动机

离退休人员体育旅游动机类型为：健身、娱乐、休闲、刺激型。对于这类人群来说，他们往往身体欠佳，需要进一步增强健康，因此，将健身动机放在首位是有一定道理的。

（二）对体育旅游的认知分析

从相关的调查研究中可以得知，不同职业人群对体育旅游的认知存在着一定的差别，这主要在对体育旅游的概念、作用两个方面有所体现。

首先，从对体育旅游概念认知度的调查分析中得知，认知程度最高的是国家机关、党群组织、企业、事业单位负责人，然后以此为：办事人员和专业技术人员、军人、学生、商服人员，工人和不便于分类的其他人员，农民和待业人员。

其次，从对体育旅游作用的认知程度的调查研究中可以得知，其基本与不同职业人群对体育旅游概念的认知程度一致，国家机关、党群组织、企业、事业单位负责人是所占比例最高的，待业人员处于最低的位置。

从整体上来看，不同职业人群对体育旅游或多或少都是有一定的了解和认识的，但是，由于职业性质的不同，思想上和理解上都会有所差别，这就导致对体育旅游这一新的、特殊的旅游方式的认知程度出现一定的差异性，因此，这需要在对体育旅游的宣传上进一步加大力度，从而使人们对体育旅游的全面和深入了解都得到有效的提升。

（三）体育旅游经历分析

从相关的调查研究中可以得知，不同职业人群的体育旅游经历也是有所不同的，大体来说，国家机关、党群组织、企事业单位负责人等是参与体育旅游活动最多的人群；办事人员和有关人员其次；最后是农民、待业人员等人群。

1. 不同职业人群参与体育旅游项目的人数不同

（1）参与运动会的职业与人数分析

从相关的调查中可以发现，在观看或参与运动会上，学生是参与这一项目最多的人群；而待业人员则是参与人数最少的人群。究其原因,主要是由于学生消息比较灵通,有很多观看或参与运动会的机会,而待业人员则没有这方面的便利条件。

（2）参与民族传统体育项目的职业与人数分析

在民族传统体育项目上,参与人数最多的是离退休人员,参与人数最少的则是生产、运输设备操作人员等。导致这一现象的主要原因在于,离退休人员年龄较大,休闲时间较多,而生产、运输设备操作人员的大部分时间用于工作,没有足够的时间参与到民族传统体育项目中来。因此可以说,此类运动项目是非常适合老年人参与的。

（3）参与游泳项目的职业与人数分析

从对游泳运动项目的分析中可以得知,这是一项几乎所有的职业人群都参与过的运动项目,可以说,这是一项大众喜闻乐见的大众运动项目。具体分析得知,农、林、牧、渔等生产人员是参与游泳运动人数相对最少的职业人群。

（4）参与滑雪项目的职业与人数分析

从对滑雪运动项目的分析中可以得知,参与这一运动项目人数最多的是国家机关、党群组织、企事业单位负责人等人员,而离退休人员则是参与人数最少的人群。究其原因,主要是由于滑雪运动项目具有较为显著的惊险、刺激、时尚等特点,是一项适合年轻人的的运动项目,对于身体素质较差的老年人是不适合的。

（5）参与滑翔运动的职业与人数分析

从对滑翔运动的分析中可以得知,国家机关、党群组织、企事业单位负责人等是参与人数最多的群体,但是,由于这一运动项目本身就比较小众,所以,所占的比例也相对较小;离退休人员是参与滑翔运动人数最少的群体。相对与小众的滑雪项目来说,人们对滑翔运动的认知度要更低一些,再加上其还存在一定的危险性,其发展状况便不甚理想,但是,发展潜力还是有的。

（6）参与漂流运动的职业与人数分析

从对漂流运动项目的相关研究中发现,不便分类的其他从业人员是参与人数最多的人群,其次是国家机关、党群组织、企事业单位负责人等人员,离退休人员参与最少。漂流运动是水上运动项目的范畴,危险性较大,因此,老年人是不适合参与的,不便分类的其他从业人员往往是比较自由的年轻人群,因此,其对漂流的惊险刺激较为感兴趣,参与程度就会比较高。

（7）参与潜水运动项目的职业与人数分析

从对潜水运动项目的调查分析中可以得知,专业技术人员是参与潜水运动最多的人群,而待业人员则是参与程度最低的人群。导致这一现象的主要原因在于,潜水运动对参与者的经济水平有着较高的要求,同时,在地域上也有一定的局限性,因此,参与此类项目的人群非常少,为了改善这一现状,需要加强基础设施建设,使宣传和推广的力度进一步加大。

（8）参与攀岩运动项目的职业与人数分析

从对攀岩运动项目的相关调查分析中可以得知,不便分类的其他人员是参与攀岩人数最多的人群,其次是军人和学生。离退休人员是参与人数最少的人群。由此可以看出,攀岩运动的惊险刺激对于年轻人来说是有着较大的吸引力的,因此,适合年轻人参与;而老年人的身体条件不适合这一运动项目。

（9）参与探险运动项目的职业与人数分析

从对探险运动项目的调查分析中可以得知,军人等特殊人群是探险运动项目参与人数最多的群体,其比例远远超出其他职业人群。这主要是由于,军人往往会通过探险运动来进行军事训练,提高军事作战能力。但是其他职业人群也有很多人参与此项运动。由此可以看出,这项运动属于小众运动项目,需要进一步开发和利用。

2. 不同职业人群参与的体育旅游项目不同

从不同职业人群参与过体育旅游活动项目的调查研究中可以发现,对于不同职业的人群,参与的体育旅游项目的差异也是较为显著的。

（1）国家机关、党群组织、企事业单位负责人等参与的体育

旅游项目

这类人群参与体育旅游项目最多的是登山、游泳和观看运动会，参与最少的是滑翔、攀岩和远足等项目。

（2）专业技术人员参与的体育旅游项目

这类人群参与体育旅游项目的情况基本同上述一致，但稍有不同的是，该类人群参与最多的三项体育旅游项目是登山、观看运动会和游泳。

（3）办事员参与的体育旅游项目

这类人群参与体育旅游项目从多到少的排序为：观看或参与运动会→登山→游泳→滑翔运动和森林探险。

（4）商业服务人员参与的体育旅游项目

这类人群参与体育旅游项目从多到少的排序为：登山→游泳→观看或参与运动会→滑翔、探险和攀岩等极限运动。

（5）农、林、牧、渔水利业等生产人员参与的体育旅游项目

这类人群参与体育旅游项目从多到少的排序为：观看或参与运动会、登山、野营等→滑翔、探险、攀岩等。

（6）军人等特殊职业人群参与的体育旅游项目

这类人群同其他职业人群有一定的差异性，他们参与的运动项目主要为森林探险。

（7）学生参与的体育旅游项目

这类人群参与旅游活动从多到少的排序为：观看或参与运动会→登山→游泳→滑翔、探险和潜水。

（8）离退休人员参与的体育旅游项目

这类人群参与体育旅游项目从多到少的排序为：观看或参与运动会→登山→游泳→攀岩和滑翔。

（9）其他从业者参与的体育旅游项目

这类人群参与体育旅游项目从多到少的排序为：登山→游泳和观看或参与运动会→滑翔、探险和潜水。

从上述分析中可以得知，不同职业人群参与体育旅游项目有多到少的排序为：登山、游泳、观看或参与运动会→探险、滑翔、

攀岩和潜水等极限运动。

（四）体育旅游消费分析

1. 国家机关、党群组织、企事业单位负责人等人群的体育旅游消费情况

这类人群的体育旅游消费水平往往是最高的。而参加过体育旅游的人群同未参加过体育旅游将来希望参加的人群的体育旅游需求基本相似，往往都属于中等消费水平，低消费水平的比例较少。

2. 专业技术人员的体育旅游消费情况

这类人群的体育旅游消费水平往往也是非常高的，中等水平的人数要少一些，消费水平非常低的占比例最少。这类人群对未来体育旅游消费的观念有较大的改变，一些低价格的体育旅游项目可能会是他们的首要选择，同时，他们对体育旅游的消费水平会有所下降。

3. 办事人员和有关人员的体育旅游消费情况

这类人群的体育旅游的消费情况往往是中等的，消费水平最好的所占比例是其次，消费水平最低的占最少数。对他们未来体育旅游需求的调查发现，这类人群的消费水平呈显著显著降低的趋势，他们预期的消费水平也会有所下降。

4. 商业、服务业等人群的体育旅游消费情况

这类人群的体育旅游消费水平往往是非常高的，其次是中等水平。这类人群对未来参与体育旅游的消费水平的预期是非常低的。

5. 农、林、牧、渔、水产业等生产人员的体育旅游消费情况

这类人群的过去参与体育旅游的消费往往是最低的，随着体育旅游项目价格的提高，消费水平逐渐超过这类人群的预期，这

就导致参与的人数越来越少。这类人群对未来参与体育旅游的消费水平的期望值是中等的,也有一部人期望消费水平越低越好。

6. 生产、运输设备操作人员及有关人员的体育旅游消费情况

这类人群的过去参与体育旅游消费往往集中在中等水平,非常高的消费水平相对要低一些。这类人群对未来体育旅游消费的预期值会随着体育旅游产品价格的提高而呈现出下降的趋势。

7. 军人等特殊职业的人群的体育旅游消费情况

这类人群的过去体育旅游的消费往往是非常高的,其次是中等水平。他们对未来体育旅游消费是预期值要比现在低一些。

8. 学生的体育旅游消费情况

这类人群参与体育旅游消费水平往往是中等偏下的,最多的还是最低水平。这类人群对未来参与体育旅游消费需求的情况是希望参与低价位的体育旅游项目,很少的人数的预期值是非常高的。

9. 离退休人员的体育旅游消费情况

这类人群参与体育旅游消费的规律为消费人群最多的是消费水平最高的。他们对未来体育旅游消费的预期值往往都是越低越好。

10. 待业人员的体育旅游消费情况

这类人群对于体育旅游的消费水平往往都是中等的,低消费水平是其次,也有很少一部分的消费水平非常高。这一类人群对未来参与体育旅游消费的预期值为越低越好。

11. 其他从业人员的体育旅游消费情况

这类人群参与体育旅游消费的水平往往都是非常高的。但是对这类人群未来体育旅游消费需求的调查发现,他们更倾向于中等消费水平,只有很少的一部分人是高消费水平。

五、不同居住地人群参与体育旅游的现状

（一）参与体育旅游的动机分析

居住地不同，人们参与体育旅游的动机也会有所不同。从相关的调查研究中可以看出，城乡居民参与体育旅游的首要动机是娱乐，其次是健身，再次是休闲，最后是刺激。由于市区和城镇居民的经济水平较高，且思想较为开放，消费意识较强，因此，相较于农村居民来说，其参与体育旅游的机会和积极性要相对高一些，因此，对健身、休闲的追求程度要高一些。

（二）对体育旅游的认知分析

一般来说，农村居民的经济水平较低，思想较为落后，因此，对体育旅游者中新的事物的接受程度就比较低；而相较于此，城镇和市区则较之要好一些，尤其是市区，人们对新鲜事物的接受能力较强，接触新事物的机会也较多，因此，对体育旅游的认知程度就会相对较高一些。

由此可以得知，不同居住地人群对体育旅游概念和作用的认知程度会有一定的差异性，从总体上来看，所呈现出的趋势从高到低为：市区→城镇→农村。

（三）体育旅游经历分析

从整体上来看，不同居住地人群参与体育旅游活动的经历的差异性也是较大的，居住地不同参与过体育旅游活动的人群也会有一定的差异性。

一般情况下，参与体育旅游活动的人群中，人数从多到少依次为：居住在市区的人群→居住在农村的人群。具体在各个项目上，居住在市区的人群参与的体育旅游活动项目，人数从多到少

依次为：登山→观看或参与运动会和游泳→滑翔、攀岩和探险等极限运动。而居住在农村的居民参与体育旅游活动项目，人数从多到少依次为：观看或参与运动会、登山和游泳→滑翔、探险和攀岩等。

（四）体育旅游消费分析

对于市区居民来说，他们过去体育旅游的消费情况是比较高的，但他们对未来体育旅游消费的需求则相对要低一些。

对于城镇居民来说，他们过去对体育旅游的消费大多集中在中等水平，他们对未来体育旅游消费的需求状况同市区居民基本一致。

对于农村居民来说，他们的体育旅游消费水平较低。

六、不同家庭收入人群参与体育旅游的现状

（一）参与体育旅游的动机分析

从相关的调查研究中可以看出，家庭收入可以大致分为五个阶段，每个阶段人群参与体育旅游的动机是不同的。一般的，收入水平较低的人群，经济水平也较低，其参与体育旅游的主要动机是娱乐，对其他几方面的需求则较低；收入水平一般和非常高的人群，参与体育旅游的首要动机搜是娱乐，第二动机为休闲，然后是健身，最后是刺激；而一般偏高的收入人群参与体育旅游的首要动机是健身。另外，从图中还可以看出，随着收入水平的提高，追求休闲的人群越来越多。

（二）对体育旅游的认知的分析

从相关的调查研究中得以得知，随着家庭收入的不断增加，人们对体育旅游概念和作用的认知程度呈逐渐上升的趋势。其

中,对体育概念和作用认知程度最低的是家庭收入最低的人群;认知程度最高的则是家庭收入最高的人群。由此可以看出,经济条件对人们对体育旅游认知程度有着直接的影响。

(三)体育旅游经历分析

从相关的调查研究中可以得知,参与过体育旅游的不同家庭收入群,随着收入水平的提高参与的人数越来越多,但是不可忽视的是,不同家庭收入人群之间仍然存在着较大的差异性。

不同家庭收入人群之间,差异性最大的运动项目主要是观看或参与运动会、民族体育、登山。

总的来说,不管不同家庭收入人群收入水平高低,普遍参与体育旅游活动项目,由多到少依次为:登山、游泳和观看运动会→滑翔、探险、攀岩、潜水等。还有一些项目是随着家庭收入的不断提高,而导致参与的人数逐渐增加的,比如,潜水、滑雪、滑翔、攀岩等。由此可以得出结论,家庭收入会在一定程度上影响到体育旅游项目的参与情况,但是也需要强调,并非每个项目都与收入水平呈正相关的关系。

(四)体育旅游消费分析

从相关的调查研究中可以得知,家庭收入水平同体育旅游消费水平呈正相关的关系。随着人们生活水平的提高,人们对参与体育旅游活动的观念也在不断更新,其对参与体育旅游活动的认识逐渐趋于理性。因此,不论是哪一类的收入人群,他们对未来体育旅游消费的期望值都是越低越好。

第二节　我国体育旅游产业发展的现状

一、我国体育旅游产业发展的基本现状

（一）国内、入境、出境等各种体育旅游雏形初显

从本质上来说，旅游市场是开放的。全球化背景下的体育是国际的。从一开始，我国体育旅游的发展，就不仅仅置于国内市场中，同时，也置于国际市场之下。从当前的形势来看，我国的体育旅游主要为国内游，国外游客相对要少一些，出境游客则更少。从相关的调查研究中可以得知，在高尔夫、滑雪、登山、潜水等运动项目中，均有少量的入境游客，但是这部分在整体上所占的比重就很小了。一些高水平的国际赛事期间入境游客所占的比重要稍微高一些。随着近年来出境游的不断升温，一些体育迷们已经形成了一种出国观赏精彩的赛事，或者参加一些感兴趣体育活动的兴趣。由此可以看出，不管是国内，还是入境、出境，这些体育旅游的雏形都已经初步形成。

（二）初步展现出了在经济社会中的价值

在当前的社会中，体育旅游作为国民运动休闲和度假的主要形态，得到了较好的发展。体育旅游的开展，并不是凭空就能实现的，需要具备一定的条件，比如，较为主要的有体育吸引物的建设、专业人才队伍的建设，与之配套的"吃、住、行、游、购、娱"等。由此可见，加快对体育旅游产业的发展，在经济发展方面会产生积极的促进作用，对社会就业问题的解决也有着积极的影响。从相关的调查中可以得知，我国很多省市都开展了体育旅游产业，其所创造出的就业岗位和营业收入都非常理想，同时，体育旅游

产业的发展,也带动了宾馆、交通、餐饮等相关服务业的收入。可以说,体育旅游为旅游产品的充实、丰富,以及服务经济社会发展,都起到了积极的推动作用。

（三）多样化的体育旅游产品体系已初步形成

最近几年,以体育为主题的旅游产业逐步兴起并得到较好的发展,一个以体育观赏和体育参与为主的体育旅游产品体系开始逐步形成。体育旅游产品体系包含的内容较为丰富,其中最主要的有两个方面。一个是包括大型赛事观战游、体育表演观赏游和体育景观观赏游在内的体育观赏游;一个是我国最普遍、最广泛的体育参与游,其在不同地区、不同省市均有不同的产品分布。当前,冰雪运动、水上运动、山地户外运动、高尔夫运动、民族民间体育文化等是相对成熟的参与性体育旅游产品和项目。

（四）体育旅游的专业会展创立并初具影响

体育博览会的举行,对体育旅游的发展产生积极的推进作用,比如,首届体育旅游博览会于 2007 年在上海由国家体育总局和国家旅游局联合举办,而后又连续在成都、哈尔滨、海口举行了 3 届体育旅游博览会。2011 年 11 月,第 5 届中国体育旅游博览会在海口举行。这些都在很大程度上对体育与旅游业的互动、融合,以及体育旅游业的深入发展起到积极的推动作用。可以说,体育旅游博览会将其整合、纽带、展示、促销功能充分发挥了出来,对体育旅游业的发展起到重要的推动作用。

（五）专兼结合的营销渠道逐步形成

西藏国际体育旅游公司作为我国成立了第一家体育旅游部门的专业公司,于 1984 年成立。中国国际体育旅游公司在两年后成立。自此之后,贵州省国际体育旅游公司、湖南省体育旅行社、甘肃国际体育旅行社、广东省国际体育旅游公司等一些省

（市）的体育局也成立了相应的体育旅游公司（社）。

最近几年,体育旅游人数越来越多,康辉、国旅、青旅等一些大型旅游社纷纷设立了专门的体育旅游社。除此之外,体育旅游也被一些体育经纪公司纳入业务范围。一些体育旅游的景区景点、赛事,成为各个旅游中介企业竞相争取的"香饽饽"。从当前的形势来看,在旅行社层面,专、兼相结合体育旅游营销渠道已经初步形成。

（六）政府加快发展体育旅游的意识越来越强

《国务院关于加快发展旅游业的意见》和《国务院办公厅关于加快发展体育产业的指导意见》两个文件中都将大力发展体育旅游业的意见提了出来。国家旅游局先后开展了2001年的"中国体育健身游"和2008年的"中国奥运旅游年"两次以体育为主题的旅游年活动。国家体育总局把体育旅游列入了《体育产业"十二五"规划》,并且将"大力发展体育旅游业,创建一批体育旅游示范区,鼓励各地建设体育旅游精品项目。"的建议明确了下来。一些省(市)还出台了一些发展体育旅游的新规划、新举措。其中,安徽省出台的《体育旅游产品发展规划》、广东省出台的《广东省体育旅游示范基地认定办法》就是比较典型的两个例子。

（七）体育旅游的专业人才培养已经起步

对于体育旅游来说,最重要的资源,也是第一资源为人力资源。体育旅游业发展的速度和质量会在一定程度上受到人才的数量和质量的直接影响和制约。第一个体育旅游专业于2001年在成都体育学院率先在全国开设,这就达到了较好地适应日益活跃的体育旅游实践的目的。之后,一些体育院校纷纷增开了体育旅游、旅游与户外运动等相关的专业。尤其可以看出,体育旅游的专业人才培养已经开始起步,并得到了健康的发展。

二、我国体育旅游产业发展中存在的问题

在我国体育旅游产业的发展过程中，取得了一定的发展成效，但同时，仍然存在着一定的问题亟需解决，具体来说，较为重要的有以下几个方面的问题。

（一）对体育旅游的规划引导较为欠缺

体育旅游的发展需要一定的体育旅游规划作为指导，从而对其产生积极的导引作用。但是目前的实际情况是，在我国，只有安徽省制定了《体育旅游产品发展规划》，其他省市均没有制定专项规划。鉴于此，统一的规划和指导在体育旅游在开发中是较为缺乏的，这就给一些省市的体育旅游项目开发造成了一些问题，从而制约着体育旅游的进一步发展，具体来说，较为显著的问题主要包括布局不合理、定位不准、缺乏特色、设计粗糙、与整个景观的融合度低和不协调等，这不仅会对资源产生一定的破林作用，还会对资源的深度开发和可持续利用产生相应的影响。

（二）政府引导和多部门协管机制方面较为缺乏

体育旅游产业与其他产业有着一定的差别，其与体育、旅游两个部门都有非常密切的关系，同时，其还涉及到其他相关的部门，比如，国土、工商、环保、安保、保险、金融、财政、航空、海事、森林、水利等，因此可以说，体育旅游产业是一个一个综合程度非常高的产业。

政府在体育旅游产业发展中有着非常重要的地位和作用，因此，这就要求在政府各部门间建立一个多方参与的协调管理机制，从而对体育旅游产业的健康有序发展起到积极的促进作用。但是现实情况是，协管机制的健全程度较低，各个部门之间的资源没有得到有效整合、高效利用，因此，这就在微观上对体育旅游企业的积极性产生一定的制约甚至阻碍作用，同时，也会对体育

旅游产业的快速发展产生不利的影响。因此，必须通过在政府相关部门之间建立必要协管机制，才能够有效化解上述这些问题，也才能够对体育旅游产业的进一步发展创造良好的条件。

（三）体育旅游产品体系有待于进一步健全

从当前来看，我国体育旅游产品体系存在着健全程度较低的问题，这主要从以下几个方面得到体现：第一，体育观赏性产品没有得到深入的开发，没有表现出显著的差异化和特色化；第二，存在着严重的参与性产品低水平重复现象，项目和产品运营的周期较长，更新率也相对较低；第三，体育演艺类产品所包含的文化较少，艺术品位较低，具有显著特色的"精品"和"特品"较为缺乏；第四，市场定位不清、运营效益较差在一些体育旅游产品中也是较为显著的问题；第五，地区分布不均和运营季节波动较大的现象也非常显著。

（四）体育旅游相关制度建设力度不够

我国体育旅游产业发展程度还相对较低，体育旅游的相关制度还不健全，相关建设力度不够，这也使得体育旅游产业得不到突出发展的一个重要因素。具体来说，体育旅游相关制度建设力度不够，主要从两个方面得到体现：一方面，是体育旅游企业的从业审批制度不健全；另一方面，是监管、评价制度不健全。当前，户外运动、滑雪运动中已经出现了由于风险预警与救护标准、场馆设施安全标准、专业技术服务人员技术标准缺失而导致的投资者"无章可循"以及危及消费者的人身安全两个方面的问题。因此，进一步提高体育旅游相关制度的建设力度是非常有必要的。

（五）体育旅游的营销、宣传渠道有待于拓展

首先在营销方面，我国目前体育旅游的营销手段主要为传统的通过旅游社招徕，而先进的、新兴的营销方式和手段非常欠缺，

比如们可以将网络营销、体验营销、合作营销等方作为主要的营销方式。

在宣传方面也存在着较多的问题,比如,往往只在企业层面进行宣传,而政府层面的公益性、教育性、主题性的宣传教育则较为缺乏。同时,还存在着宣传形式单一的问题。

当前旅游业的竞争,已经不单单表现在景区、线路方面,区域、城市竞争已经成为竞争的主流,在这样的背景下,体育旅游要想得到进一步的发展,就要求必须在营销渠道上有所转变,具体来说,就是要从单一向多元化转变。在宣传上,则必须坚持有机结合的原则,具体表现在两个方面:一个是政府公益宣传和企业市场宣传相结合,一个是景区景点宣传和旅游目的地整体形象宣传相结合。

(六)体育旅游基础设施严重不足

从相关的调查研究中可以得知,目前,国内已经有很多景区都开展了体育旅游项目,但是,却普遍存在着一些问题,比如,景区周边的交通情况较差,使得景区的可达性较差,导致客流量非常小。另外,景区的基础设施建设也较为薄弱,主要表现在两个方面:一方面,停车场、景区内游客集散中心、标示标牌、旅游厕所、旅游公共信息系统大多不配套或不达标等问题;另一方面,步道、自行车道、野外宿营地的建设标准也普遍较低。

(七)体育旅游人才基础非常薄弱

作为一项体育与旅游交叉、融合的产业,体育旅游产业对人才的需要也是非常显著的,具体来说,其所需要的人才主要有三大类:一是专业的管理人才,需要满足两个条件,即不仅要对旅游经营管理较为擅长,还要具有一定体育专业技术、理论知识;二是专业的技术指导人才,较为典型的当属漂流的救生员、滑雪的导滑员等;三是体育旅游产品的创新、研发人员。从当前的形势来看,这三种人才都是较为缺乏的,这也是当前对我国体育旅游业发展产生重要制约和阻碍作用的重要因素。

第三节　我国体育旅游产业发展的趋势与对策

一、我国体育旅游产业发展的趋势

(一)体育旅游的国际化程度越来越高

早在 2011 年,世界旅游组织就对中国的体育旅游发展作出预测,其认为中国会成为世界上第一大入境游接待国和第四大出境旅游客源国。由此可以看出,中国的体育旅游发展程度已经受到国际上的肯定,同时,我国体育旅游市场的活跃程度也会越来越高。当前,国际体育旅游者增多,究其原因,主要表现在两个方面:一方面,是入境游、出境游旅游人数的增加;另一方面,是体育全球化的加深。作为一个拥有五千余年文明、民族民俗体育璀璨多姿的泱泱大国,我们有着非常显著的优势和特点,因此,民族民俗体育可以成为吸引入境旅游者的重要方面。

(二)体育旅游投资主体的社会化程度越来越高

当前,传统景区开发体育项目(包括赛事);体育系统资源开放;社会资本专门投资,这是我国体育旅游投资的三种形式。其中,最为活跃、最主要的部分当属社会资本投资这种形式。从相关的调查中可以得知,不管是高端的、大众的还是民间的体育旅游项目,都离不开社会资本的投入,否则,很难维持。因此可以换句话说,就是体育旅游业是体育产业中吸引社会资本最为活跃的业态。

随着体育运动的社会化程度越来越高,大众旅游时代的到来,各种新兴的中高端体育旅游产品要想有着较为广阔的吸引社会投资的前景,以及更多的社会资本投资,就必须对社会资本进行积极的引导,同时,还要进一步完善服务体系,保证服务质量。

（三）网络营销趋势越来越显著

尽管当前我国的体育旅游营销的主要方式还是旅行社,并且这一方式暂时是无法改变的,但是,其也有了进一步的发展,比如,大多数体育旅游目的地已经将自己的网络建立起来。从相关的研究中可以发现,大部分体育旅游者越来越不喜欢旅行社安排的出游计划,旅行社的地位越来越低,导致这一现象的主要原因有两个方面:一个是网络环境下旅行社的生存现实,一个是是体育旅游自身的特殊性。由此可以预测,未来的体育旅游营销,会有两个方面的发展趋向:一个是出现供需双方网络的直接对点营销,一个是建立类似全球旅馆在线的体育旅游的网络营销、集散中心。

（四）体育旅游运营方式的一体化趋向越来越显著

当前,旅游产业发展势头良好,并且表现出了区域旅游一体化的显著特点和优势。资源共享、形成品牌效应、增强竞争力的一个有效途径是旅游产业的一体化,具体来说,这里所说的一体化主要表现在服务标准、基础设施、管理制度、环境与保护管理、宣传包装这几个方面。尽管目前体育旅游业的一体化还没有涉及到政府机构、旅游政策等方面,但是,体育旅游在区域旅游一体化中的作用已显著地表现出来。随着体育旅游在区域旅游一体化中的"辐射效应"全面凸显,体育旅游的区域一体化受到政府、旅游部门的关注已经成为一种必然。

（五）体育旅游产品供给逐渐趋于专业化、聚集化

作为旅游业的一个分支,体育旅游必须依附于旅游业才能够

得到较好的发展,可以通过旅游业现有的营销平台、推广手段、管理模式的充分利用,来达到有效实现自身的发展的目的,这就是所谓的"大旅游"。体育旅游业将吃、住、行、游、购、娱等旅游的六大要素都涵盖了进去,因此可以说,其本身就是一个完整的产业链,这就是所谓的"小旅游"。将"大旅游"和"小旅游"有机结合起来,就是体育旅游。由此可以得知,未来的体育旅游产品很有可能会出现"由点到线"和"由点到面"这两个趋势。具体来说,"由点到线"主要表现为专业化的"体育旅游线路产品";"由点到面"则主要表现为聚集化。

二、我国体育旅游产业发展的对策

(一)制定体育旅游发展专项规划并发挥其应有作用

要以不同省市的地域特点、资源禀赋、发展基础和市场前景为主要依据,有重点、分类别、重特色地打造、扶植一批有影响的体育旅游示范带、圈、村、园、镇、城、节等体育旅游的示范项目,从而将全国体育旅游专项发展规划科学合理地制定出来。同时,还要做好积极的鼓励工作,具体在两个方面得到体现:一方面,是各地要将体育旅游发展专项规划编制出来;另一方面,要将体育旅游基础设施和重点体育旅游项目纳入当地国民经济和社会发展规划。除此之外,体育旅游相关的城市总体规划、土地利用总体规划、村镇建设规划、风景名胜区总体规划等相关规划也要以体育旅游产业的发展服务,从而为体育旅游业发展创造条件、留有空间。

(二)从认识和政策上促进体育旅游的发展

体育旅游经过多年的发展,已经成为旅游产业的重要组成部分。作为一个新兴的产业,体育旅游具有非常好的活力和潜力,但是,也有很多因素制约着其进一步的发展,比如,所有产业发展初期的资金短缺、人才匮乏、政策缺乏等,因此,要想进一步推动体育旅游产业的迅速发展,就需要将目前产业结构调整和旅游消费转型升级的历史机遇抓住,在国家体育总局、国家旅游局两个政府部门的共同指导下,将加快发展体育旅游的相关政策制定出来,并且借助于政策的导向、杠杆作用,实现体育旅游的进一步发展。

（三）通过合作机制的建立来推动体育旅游发展

为了更好地推动体育旅游的发展,国家体育总局与国家旅游局联合成立了体育旅游工作协调领导小组,该小组有着明确的职责,具体来说,主要包括以下几个方面:第一,共同负责体育旅游合作的总体组织和指导;第二,共同确定合作政策措施;第三,共同加强对体育旅游的人才培养和对体育旅游的宣传推广。协调领导小组会定期召开协商会议,互通情况,并对合作过程中出现的问题进行及时的解决。通过对各省市体育、旅游行政部门进行积极的鼓励和引导,从而使其参以国家局合作模式为依据,将相应的合作机构建立起来,并对所辖地、市、州体育与旅游部门进行积极的引导和督促,从而使其沟通与协调得到进一步加强,共同实施和推动体育和旅游的合作,进而对本省、本地区体育旅游产业发展起到积极的推进作用。

（四）将体育旅游企业运行管理的规章制度建立起来

体育旅游企业运动管理规章制度的建立,对于体育旅游产业的发展有着重要的监督作用,因此,要将体育旅游项目开发的场地、设施、设备的安全标准、从业人员的技术标准、日常运营的环保标准、行业评价的等级标准、行业经营的诚信标准建立起来,并且使其进一步健全,通过标准来对体育旅游企业的健康发展进行积极的引导,使其规范程度越来越高。除此之外,体育部门、旅游部门要充分履行对体育旅游市场的指导、监督、检查功能,对管理的模糊地带进行及时的清理、杜绝管理盲区。

（五）体育旅游的营销和宣传形式要有所创新

营销和宣传的形式,也会影响到体育旅游的发展状况。因此,就要求积极推行"区域联动、部门联合、企业联手"的一体化旅游营销战略,将政府整体形象宣传与景区产品促销统分结合的体育旅游宣传促销体系建立起来。同时,还要对广播、电影、电视、互联网、报刊等媒体和推介会、展销会等平台,根据实际情况和需要加以综合运用,针对重点客源市场,有针对性地开展相应的营销活动。除此之外,各级体育部门还要使对体育旅游的公益性、教育主题性质的宣传力度进一步加大,通过免费体验、社区宣传、书籍赠送、组织观看等多种多样的宣传形式,来使宣传的覆盖面、影响力都得到进一步的拓展,体育旅游的群众基础得到进一步扩大,从而使体育旅游的潜在市场得到进一步的开发和发展。

（六）通过多种方式来使体育旅游产品体系更加丰富

当前,全民健身活动开展得如火如荼,再加上旅游展业转型升级,在这样的背景下,为了进一步推动体育旅游的发展,需对运动休闲、运动体验、康体度假、赛事观赏、户外运动、体育节庆和民族民间民俗体育等旅游产品进行大力发展,并且提高体育旅游发展的规范程度,从而对体育旅游度假区建设的有序进行起到积极的推进作用。

同时,还要对体育的文化、艺术资源进行充分的挖掘,创编和打造精品体育演艺节目和主题演出。除此之外,还可以对体育旅游产业链进行进一步的延伸,使户外运动装备制造业、体育主题酒店、餐吧和特色体育旅游纪念品的研发、制造和销售等得到大力的发展,还可以在著名的体育旅游目的地建设一批特色体育旅游商品研发中心、生产基地和购物场所。通过这些方式,能够使体育旅游产品体系得到进一步的丰富和健全。

（七）对体育旅游人才进行积极的培养

专业人才对于体育旅游的发展有着非常重要的影响，可以说，专业人才的缺乏会制约着体育旅游的发展，因此，对体育旅游人才进行积极的培养是非常重要且必要的。国家体育总局和国家旅游局鼓励和支持一系列有助于体育旅游人才培养的举措，最主要的有两个方面：一个是全国的体育院校和旅游院校设置体育旅游专业，实施体育旅游学历教育；一个是体育旅游企业和体育院校、旅游院校优势互补、合作办学、联合培训。除此之外，还提倡体育院校与旅游院校的相关专业交叉办学。组建体育旅游专家库，成立国家级体育旅游培训基地，积极开展体育旅游经营企业人员的技能培训、技能认证。这些举措对于尽快建立一支有技术、懂经营的体育旅游人才队伍有着积极的促进作用。

第四章 我国体育旅游资源的开发与利用研究

我国体育旅游资源丰富,为我国体育的发展、经济以及文化的发展起到了良好的促进作用。现阶段,我国体育旅游资源在开发利用过程中还存在许多问题,如开发与利用不够充分、过度开发利用、资源开发与环境保护之间的矛盾处理等。这些问题都是我国体育旅游产业发展面临的重要和亟需解决的课题,直接关系到我国体育旅游产业的可持续发展。本章主要就我国体育旅游资源的开发与利用现状与相关理论进行深入分析,以更好地促进我国体育旅游资源的科学开发与利用。

第一节 我国体育旅游资源的分布与开发现状

一、体育旅游资源基础资源分布

我国许多体育旅游资源的开发都与自然与人文环境与资源有着十分密切的关系,尤其是冰雪体育旅游、滨海体育旅游、户外休闲体育旅游等都是在自然环境中进行的,需要丰富的自然资源的支持。而体育旅游人文资源同时具有人文旅游特性和体育运动元素,具有丰富的旅游价值。新时期,体育旅游人文资源能满足人们对文化赏析的新需求,挖掘体育旅游的文化内涵和人文精神,有利于提高旅游业的产业素质和整体水平。[1]

---

[1] 邓凤莲,中国体育旅游人文资源评价指标体系与评价量表研制 [J]. 北京体育大学学报,2014,1(37).

因此,了解我国丰富的自然资源和人文资源对促进体育旅游资源的开发与利用具有重要意义。

（一）自然资源分布

1. 山体资源

我国山体资源丰富,整体来说,山地丘陵约占全国土地面积的 43%,这些丰富的山体资源具有体育旅游开发潜力,为体育旅游资源的开发提供了良好的资源支持。

2. 水体资源

我国水体资源丰富,包括了江、河、湖、海、溪流、瀑布等多种形式,构成了丰富的景色、气候、环境,具有良好的观赏、探险、疗养与旅游价值。我国长 18 000 多千米的海岸线,更是为诸多的海滨体育旅游的发展提供了理想的场所。

3. 溶洞资源

我国地域辽阔、地貌丰富,洞穴数以千计,为体育旅游中的洞穴探险奠定了良好的自然资源基础。据统计,目前已经开发、开放的洞穴约有 300 多处,具有较大的旅游价值。

4. 沙漠资源

我国沙漠分布较广,共计约 70 万平方千米,是人们进行户外探险、徒步的重要场所。目前,已经被作为旅游资源开发的沙漠主要有甘肃的敦煌玉门关、阳关沙漠,新疆的塔里木盆地塔克拉玛干沙漠,内蒙古的科尔沁沙地、库布齐沙漠、巴丹吉林沙漠、包头响沙湾,陕西的榆林沙漠（沿古长城）,宁夏的中卫沙坡头。

（二）人文资源分布

我国具有悠久的历史,民族文化丰富多彩,我国许多传统体育项目都是在特殊的历史环境和民族风俗习惯中产生的,我国体育资源与我国多元文化之间有着十分密切的关系,如少林武功与佛教、少林寺；太极拳与道教、道观；还有一些体育项目创始人及体育大家的故居、陵墓等，都是丰富的人文资源。

一般来讲，通常将人文资源分为四类，分别为古陵墓类、宗教类、石窟寺类和园林建筑类。

二、体育旅游资源体育资源分布

（一）体育赛事资源分布

体育场馆是体育场和体育馆的总称，是举办体育赛事资源的重要物质场所。

随着近年来我国对体育事业的大力扶持，在体育发展方面投入了大量的人力、物力和财力，体育基础设施建设不断完善，体育专业场地和场馆日益增多。根据国家体育总局组织实施的第六次全国体育场地普查显示，截至 2013 年 12 月 31 日，我国体育场地情况具体如下。

（1）全国体育场地共 169.46 万个，其中，室内体育场地 16.91 万个，室外体育场地 152.55 万个。

（2）全国体育场地总用地面积 39.82 亿平方米。

（3）全国体育场地总建筑面积 2.59 亿平方米。

（4）全国体育场地总场地面积 19.92 亿平方米，室内体育场地面积 0.62 亿平方米，室外体育场地面积 19.30 亿平方米。

各单位系统体育场馆分布情况具体如表 4-1 所示。

表 4-1　各单位体育场地数量及面积情况

单位类型	场地数量（万个）	数量占比（％）	场地面积（亿平方米）	面积占比（％）
合计	164.24	100.00	19.49	100.00
行政机关	8.39	5.11	0.86	4.40
事业单位	68.66	41.81	11.45	58.75

单位类型	场地数量（万个）	数量占比（%）	场地面积（亿平方米）	面积占比（%）
企业单位	13.77	8.38	4.11	21.11
内资企业	12.94	7.88	3.40	17.44
港澳台投资企业	0.46	0.28	0.39	2.00
外商投资企业	0.37	0.22	0.32	1.67
其他单位	73.42	44.70	3.07	15.74

总的来看，我国体育场地和场馆资源丰富，能基本满足当前我国各项体育赛事的举办和观众的观赛需求，我国体育场馆资源人均占有数量正在不断上升，此外，在专业体育场馆、场地建设方面更加专业，这为我国举办更加专业化的国际赛事奠定了良好的物质基础。

（二）民族体育资源分布

民族体育是我国优秀传统文化的重要组成部分，它根植于我国的传统文化，具有丰富的文化内涵。我国民族体育项目众多、种类丰富，且具有各自鲜明的风格与特点，与各民族多彩的民俗风情和地域文化有着十分密切的联系，具有丰富的文化、观赏、参与、健身、健心以价值，是重要的旅游资源。

我国地域广、民族众多，在长期的历史发展过程中，各民族形成了丰富多彩的民族体育内容和形式，这些民族体育内容和形式及其所蕴含的丰富文化价值是我国重要的民族体育旅游资源，是我国体育旅游资源开发与利用的重要内容。

三、我国体育旅游资源开发现状

（一）体育旅游资源开发地区差异明显

我国体育旅游资源丰富，各地区体育资源分布量都很大，而且集中,但是却存在一个明显的地域开发程度的差异。

具体来说,我国经济发达地区的体育旅游资源开发比较彻底,而且科学,知名度较高,且能够创造出良好的经济价值。而相对来说,我国经济欠发达地区的体育旅游资源开发程度不高,且在开发过程中由于缺乏正确的认知和合理的规划,资源浪费的情况比较严重,而且对当地的自然环境造成了很大的伤害。

目前,除了徒步和登山项目之外,很多的体育旅游资源都没有得到开发。

以我国民族传统体育资源为例,我国经济发达的东部地区在民族传统体育数量上面与西南、西北地区相比要少很多,但是知名度比较高,开发比较彻底。我国西南、西北地区民族众多,民族传统体育项目众多且具有丰富多彩的民族风情,具有体育旅游资源开发的良好优势,但是,就目前开发现状来看,由于缺乏必要的资金支持,且当地政府的关注度不够、规划不合理,导致这里的丰富体育旅游资源很多都鲜为人知。

随着近年来对民族传统体育的保护、传承力度的不断加大和国家对发展体育产业的重视,我国经济落后地区的体育资源开发正在逐步得到重视,发展日趋合理。

（二）不同体育运动项目开发程度不同

体育运动项目众多,尤其是我国传统民族体育项目丰富,大众的运动喜好不同,不同体育项目开发价值不同,不同体育运动项目的开发程度不同是一个很容易理解的现象。

当前,我国体育旅游开发程度较高的体育运动项目主要集中在以下几个方面。

1.冰雪体育运动与旅游

冰雪运动历来是十分受欢迎的户外体育运动项目,其以特殊的地理环境为依托,能给人以享受运动、享受自然的美好体验。

和欧美等国家冰雪体育运动和旅游相比,我国冰雪体育运动和旅游的开展并不广泛,但是近年来受到了大众的广泛关注。尤其是北京—张家口 2022 年第 24 届冬季奥运会的申办和承办准备,为近两年我国冰雪体育运动和旅游的发展奠定了良好的社会、舆论和物质条件。大型体育运动赛事的举办能给举办国家和地区带来良好的经济效益,尤其是国际综合性的运动会的开展,2022 年冬奥会的举办必将为北京、张家口带来良好的发展机遇,促进北京和张家口及其周边地区的包括体育旅游在内的体育产业的发展。

2. 滨海体育运动与旅游

我国具有开展滨海体育旅游的良好自然海域条件和社会环境,沿海各地,如海南、深圳近年来举行了一些大型滨海体育赛事、滨海休闲旅游活动,极大地推动了我国滨海体育运动项目和滨海体育旅游业的发展。

近年来,我国经济发展迅速,许多富豪阶层及有国外海上运动经验的年轻一代对滨海体育休闲的需求日益增加。我国滨海体育休闲产业发展前景良好,目前,我国沿海大中城市的游艇、帆船海上观光、帆板、冲浪、滑水等新兴的海上运动项目深受海上运动爱好者的欢迎,也吸引了大批富豪阶层人群消费。滨海体育运动与旅游的人群主要集中于收入水平比较高的社会阶层。

3. 户外探险运动与旅游

户外探险运动与旅游在我国兴起的时间并不长,还属于小众体育运动。

当前,我国从事户外探险运动与旅游的人群主要为年轻人群,这些人富有冒险精神、追求自由,但是与我国庞大的人口基数相比,这一部分人是非常少的。因为此类项目与旅游活动不仅对参与者的体能要求较高,还要求其必须具备良好的经济条件和充裕的时间。

4. 高尔夫休闲度假旅游

高尔夫运动是一项重要的休闲体育运动项目,具有良好的健身与健心价值。

高尔夫场地广，运动环境优美，目前，往往与商务休闲旅游结合在一起，高尔夫运动已经逐渐开始摘掉贵族运动的帽子。我国高尔夫运动的参与人数越来越多。高尔夫休闲度假旅游是我国体育旅游市场中一个发展较好的体育运动项目。

整体来看，我国体育旅游资源中开发程度较高的体育项目多是一些较为生活化的体育旅游项目，一些科技含量要求高的项目开发程度较低。如滑雪、垂钓、蹦极、徒步游、自行车游、自驾车游、高尔夫球等，这些较为贴近人们的生活，难度较低，因此在我国的开发程度较高，普及率也较高。而漂流探险、穿越、登山等冒险性体育旅游的开发程度较低，开展不十分理想。

（三）民族传统体育旅游开发程度较低

我国是一个多民族融合的国家，少数民族人口占据了我国总人口的 10% 左右，在长期的发展过程中，这些少数民族创造了优秀的民族文化，创造了独特的民族体育资源。

在体育全球化发展背景下，西方体育在当前体育届占据主流地位，就体育人口来讲，参与西方竞技体育运动项目的人要比参与民族传统体育项目的人要多得多。

我国民族传统体育旅游开发面临的事实是：一方面，虽然我国民族体育旅游资源具有很强的民族文化特性，但是在开发资源的过程中并没有突出民族文化特色、宣传力度不够、旅游配套设施建设不完善，严重影响了民族传统体育旅游资源的深度开发。另一方面，在我国民族传统体育旅游资源开发过程中，很多人由于为了经济效益对这些人文资源进行了破坏和丢失，还有些是因为保护力度不够，没有完整地挖掘和开发，让一些民族体育形态失去了原有的亲切真实、淳朴自然，对民族传统体育资源造成了严重的损害。

近年来，良好的政策环境、经济环境、文化环境极大地促进了民族传统体育的发展。社会大众参与民族传统体育的热情不断高涨,在少数民族聚集地区,许多具有地域特征的民族传统体育项目也成为人们强身健体的重要活动内容,如哈萨克族的"姑娘追""叼羊",蒙古族的摔跤、骑马、射箭;藏族的碧秀(响箭);朝鲜族的跳板和秋千;苗族的踢草球、爬花杆;壮族的抛绣球、踩高跷等。这些丰富的民族体育项目与当地独具地域和民族特色的文化结合在一起,吸引了大批旅游者前往,民族传统体育旅游开发近年来呈现出良好的发展势头,还需要进一步规范和完善,以促进其科学、可持续发展。

（四）体育旅游专业人才和服务人员匮乏

当前,我国体育旅游资源发展过程中,人才培养不完善是一个不争的事实,也是制约我国体育旅游可持续发展的一个重要因素。

和国外体育发达国家相比,我国体育旅游起步较晚,在人才培养方面并不完善。就体育旅游内容和形式来看,体育旅游活动的开展需要专业的经验技术人员,以保证游客的人身安全,如登山、攀岩、滑翔伞等。当前我国高等教育院校类虽然有部分相关学科进行人才培养,但是体育旅游被分为了两个学科:体育和旅游,两学科不交叉、不相通,无法培养综合性的人才。现阶段,我国从事体育旅游人员大部分出自于旅游专业,体育专业知识并不深厚,这将非常不利于我国体育旅游资源的综合全面发展。

在体育旅游资源开发与利用方面,就我国基本国情来看,许多体育旅游资源的开发涉及到自然环境保护、民族传统文化传承,因此,体育旅游资源的开发并不是一个单纯的旅游基础设施建设的过程,还要考虑与之相关的多方面要素。而我国这方面的人才培养相对不足、数量不多、质量不高,这也是导致我国体育旅游资源开发和利用不足的一个重要制约因素。

第二节　体育旅游资源开发的相关理论

一、区位理论

区位理论（Theory of location）是针对地理区域进行的研究，原型为德国经济学家冯·杜能创立的农业区位理论，该理论主要解决的是经济活动的地理方位及其形成的原因。就体育旅游而言，区位理论对于体育旅游资源开发的区域性开发与利用、旅游市场竞争，旅游产业布局具有重要指导作用，能有效促进区域体育旅游资源的差异化和合理布局。

（一）体育旅游中心地界定

确定体育旅游中心地往往根据一定的标准进行，通常来说，常用的标准主要围绕市场发展来进行，如该旅游中心地是否能为消费者所熟知和接受、能否具有丰富的体育旅游资源能满足旅游消费者的消费和体验需求、该旅游中心地的交通等。

良好的资源、经济、基础设施等条件是一个体育旅游中心地在体育旅游市场竞争中获胜的重要前提。

以我国西部地区体育资源开发和旅游业的发展为例，我国西部地区区域竞争优势明显，具体表现在以下几个方面。

（1）我国西部地区地理位置独特，我国西部地区位于亚洲大陆的中心位置，与其他中亚国家联系紧密，体育旅游的市场开放性比较广。

（2）我国西部地区旅游资源丰富、独特、区域特点显著，对我国东北地区居民具有较大的吸引力。

（3）从文化构成来看，我国西部地区少数民族众多，且形成了独具特色的民族文化，如哈萨克族文化、穆斯林文化，藏文化等。

此外，我国西部地区还是我国经济、文化重点发展和扶持的地区,这也为这一区域的包括体育旅游在内的各项产业的发展奠定了良好的政策、经济条件基础。

（二）体育旅游中心地市场划分

体育旅游地的市场范围受多种因素的影响,其中,最主要的因素主要有以下三种。

（1）体育旅游地资源对消费者的吸引力。

（2）体育旅游产业的配套服务设施。

（3）体育旅游地的旅游活动容量。

需要特别指出的是,体育旅游中心地的市场范围有上限和下限之分,这是决定体育旅游中心市场范围大小的重要标点（表4-2）。

表4-2　体育旅游中心地的市场范围界定

体育旅游中心市场范围上限	体育旅游中心市场范围下限
旅游资源吸引力	旅游地生产产品
旅游业的社会容量	旅游地提供服务所必需的最小的需求量
旅游业的经济容量	——
旅游业的生态环境容量	——

（三）体育旅游中心地等级划分

体育旅游地的市场范围是影响体育旅游中心地等级的重要因素,当前,我国体育旅游中心旅游地大致分为高级与低级两个等级,具体分析如下。

（1）高级旅游中心地:市场范围较大,旅游资源多且集中度较高,基础设施完备,旅游消费者接待能力强,能给消费者带来良好的旅游消费体验。

（2）低级旅游中心地:提供的旅游服务范围较小,市场范围小,旅游接待能力较弱。

一般来说,高级旅游中心地的构成是由多个次一级的旅游中心地的组合,涉及到的地区范围比较大,随着旅游资源的优化整合开发,其各次一级的旅游中心地的等级的市场范围会逐渐扩大、旅游接待能力也会有所改善,而由多个次级旅游中心地所构成的高级旅游中心地的整体级别和能力也会进一步提高。

（四）体育旅游中心地模式构建

体育旅游中心地模式的构建,其最主要的要解决的问题就是多个不同等级的体育旅游中心地的均衡布局。

正如前面所分析的,体育旅游中心地有等级之分,不同等级的体育旅游中心地的市场范围大小不同、如何促进不同体育旅游中心地的科学有序发展,并实现各地体育旅游资源的综合利用和高效利用,就必然涉及到各旅游中心地的合理布局问题,其目的在于使得区域体育旅游在不同等级旅游中心地的带动下健康快速发展。

二、旅游人类学理论

旅游人类学起源于 20 世纪 60 至 70 年代,该理论主要是研究旅游学基础理论与包括人类旅游文化在内的人类文化之间关系的重要理论,不同文化是吸引旅游者从一个地方迁徙到另一个地方体验旅游活动的重要原因。人类文化的交流与传播在旅游过程中发挥着重要影响作用。

（一）旅游人类学理论指导下的体育旅游宏观调控

1. 确定体育旅游的文化性质和发展方向

旅游人类学理论对于人类体育旅游文化的发展具有重要的指导作用,要促进人类旅游文化的发展,就必须首先确定体育旅游的文化性质与发展方向,具体从以下几方面入手。

（1）找准体育旅游的定位,将文化属性作为体育旅游的根本属性,将体育旅游作为一种文化事业来发展。

（2）在准确把握体育旅游定位的基础上,改变政府旅游事业发展的经济核心指导,而将旅游事业的发展与文化发展密切结合起来,在发展体育旅游文化的过程中,重视社会大众体育文化素养水平的提高,重视我国体育文化的发展。同时加强对外体育文化交流与合作,积极宣传我国特有体育文化。

（3）运用旅游人类学中的主客关系理论、跨文化沟通理论,指导我国体育旅游资源开发,将旅游文化资源的开发放在重要位置,将体育旅游发展放在与国内外旅游者普遍交往的各种体育文化关系和文化现象上。

2. 指导相关旅游法律政策的建立和完善

旅游业是我国第三产业的重要组成部分,是国家经济发展的重要内容之一,政府相关法律和政策对旅游发展有制约作用,当前,在市场经济条件下,为规范体育旅游产业发展,有必要制定一套完善的体育旅游的法律和政策来对规范和促进体育旅游市场的科学发展。并进而规范整个旅游业的发展。

具体来说,应根据旅游人类学的基本理论和基本理念进行,重点做好以下几方面的工作。

（1）明确旅游服务提供者在体育旅游活动开展过程中应承担的义务和法律责任。

（2）改变长期以来侧重调整政府和旅游企业之间关系的状况。

（3）重视旅游者在旅游过程中的情感体验,通过文化渗透来提升旅游者对旅游地文化的了解。

（4）提高旅游者的文化素养,帮助旅游者树立正确的文化价值观,以开放的心态接纳各种先进文化,促进我国各地各民族的文化繁荣。[①]

（5）重点关注主客不同文化背景、文化意识、文化价值观下可能发生的各种矛盾与问题。

---

① 王建.旅游人类学理论在中国旅游发展中的应用[J].旅游科学,2007（5）.

3. 提高政府对体育旅游管理的效果和质量

旅游人类学理论在指导政府旅游主管官员有效地坚持人本主义理念，克服陈旧意识、官僚作风等方面具有十分重要的作用，能促进政府相关工作人员真正关注文化、竞技发展，将体育旅游发展各项工作落实到科学发展方面。

政府在体育旅游产业发展过程中发挥着十分重要的作用，政府决策关系着我国体育旅游产业的发展方向、发展策略、发展重点和发展进程。为实现体育旅游产业的科学发展，政府应加强对相关工作人员的专业培训，提高政府相关工作人员素质，政府工作人员应掌握旅游人类学的基本理论知识，将旅游人类学的知识应用到体育旅游产业发展工作实践当中，以更好地促进体育旅游资源的合理开发，推动体育旅游文化的持续发展。

（二）旅游人类学理论指导下的体育旅游微观调控

1. 了解体育旅游者的文化需求

（1）旅游人类学理论可以帮助旅游服务人员充分了解体育旅游者的文化需求，从而为旅游者提供优质的体育旅游产品、优良的体育旅游服务。

（2）旅游人类学理论能促使体育旅游服务提供者深入研究、探讨、掌握旅游产品（或服务）对游客吸引力的规律，从而有针对性地进行体育旅游资源开发，突出旅游文化的特色、增强本地体育旅游资源的市场竞争力。

（3）旅游人类学理论有助于指导体育旅游资源开发者深入了解本地特色体育旅游资源文化特点，把握文化发展的规律和特征，在保持本地区体育旅游文化原有特色的基础上，合理开发与利用，进行体育旅游接待地的特色文化商品化开发，在保护与传承文化的基础上，促进其经济效益、社会效益的实现。

2. 指导体育旅游者贯彻人本主义理念

运用旅游人类学理论指导体育旅游者充分贯彻人本主义理念主要体现在以下两个方面。

（1）帮助体育旅游服务提供者全面理解人本主义的精神实质，使他们在理性基础上尊重体育旅游者的独立人格和应有的权利，满足体育旅游者的合理要求。

（2）指导旅游服务提供者帮助游客理解当地文化，并尊重游客的文化背景，礼貌得体地接待外来游客。

3. 提高体育旅游从业人员的服务质量

在旅游人类学理论指导下，体育旅游从业人员应有意识地提高自身从业技能和素质，关注体育旅游活动开展过程中的文化传播，通过提供高质量的旅游产品和服务传播本地特色体育文化。

三、游客行为理论

游客行为理论是从游客心理需求出发，研究游客内在心理期盼和外在行为，以及由游客构成的旅游流的类型、结构、流向、流速、特征及动态规律等。

（一）旅游认知

旅游认知是游客在已有感知印象的基础上，根据原有旅游经验或实地旅游体验经历对旅游目的地相关信息主动进行选择、反馈、加工和处理的心理过程。

旅游者对旅游目的地的旅游认知可以概述为以下三个步骤。

1. 最初感知（原生形象）

旅游者对旅游目的地的最初感知印象，是其在萌生旅游想法和实施旅游行为之前对旅游目的地的一个较为模糊的印象，这一印象来自于多元化的信息集合，如亲朋推荐、资料查询、旅游地官方宣传等。在旅游者的旅游想法萌生之前，这一印象是在旅游者大脑中潜移默化的一种信息影响,对其旅游动机产生具有重要影响。

2.决策感知(引致形象)

旅游者产生旅游动机并确定旅游地、制定旅游计划,有目的地、有针对性地收集关于旅游地的各种信息,建立对旅游地的更为全面的认知。

3.实地感知(复合形象)

旅游者在实施具体的旅游行为之后,结合自身的旅游体验对旅游目的地所形成的综合性的印象,这一印象和前面两个印象相比,要更为客观、真实、丰富。

（二）旅游者的行为特征

旅游者的行为受多种因素的影响,在这些影响因素的共同作用下形成了具体的行为特征,集中表现在以下几个方面。

（1）旅游行为的季节选择:就我国境内旅游来看,我国地域辽阔,纬度跨度大,区域季节分明,旅游受季节因素影响较大。以我国南方旅游业发展为例,冬季是南方体育旅游的旺季(图4-1)。

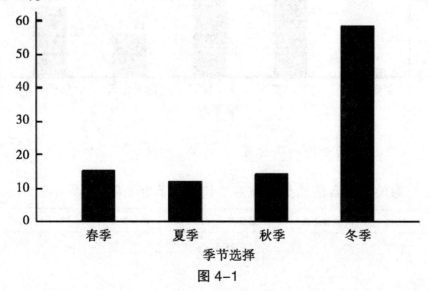

图 4-1

（2）体育旅游项目选择：我国地理资源丰富，为各地区发展体育旅游提供了良好的条件。根据我国不同地区的地理优势，我国各地重点推广和普及的体育旅游项目具有明显的地域特征。例如，我国沿海地区，尤其是海岸线较长、四面环海的地区，海洋资源比较丰富，游泳、冲浪、潜水、海钓等体育旅游项目比较受欢迎；我国内陆多山地区，比较受欢迎的体育旅游项目为登山、攀岩、越野、野外生存和洞穴探险；而在北京等大型体育赛事举办地，多为体育文化景观和人文景观的观赏和游历。

（3）旅游停留时间：我国小长假较少，包括体育旅游在内的旅游比较集中，节假日是我国旅游的高峰期，而城郊和近郊的旅游主要在周末进行（图4-2）。

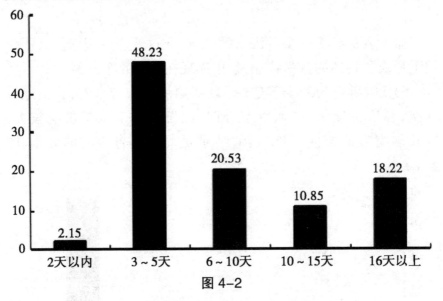

图4-2

（三）旅游者的购买过程

旅游消费者的购买过程主要包括以下五个阶段（图4-3）。

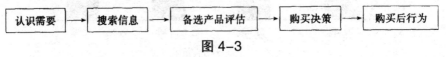

图4-3

（1）认识需要。游客的购买过程都是从认识需要开始的。人们产生旅游需要的原因主要是自身和外界刺激的。

（2）搜索信息。旅游消费者产生旅游需要后，会从多种渠道（如旅行社、新闻媒体、亲朋好友等）收集信息，进一步实现旅游的目标。

（3）备选产品评估。游客对收集到的信息进行对比和评估，选择出适合自己的旅游产品、旅游服务。

（4）购买决策。游客通过对可选方案的评估，产生了初步的购买意图，进而产生购买决策和购买行为。但有时游客会受到外界因素的影响，这时游客就要对决策进行修正、推迟和回避。

（5）购买后行为。旅游者对自身购买行为和购买体验的满意度将直接影响其是否再次购买该产品（或服务），良好的体育旅游体验有助于消费者的再次购买，同时还会推荐给其他人，而如果旅游者的消费体验并不满意，则会采取一些对旅游地不利的行为，如投诉、索赔、建议他人不要购买旅游产品（或服务）。

四、环城游憩带理论

（一）城市旅游空间结构

环城游憩带（ReBAM）是指围绕城市而形成的旅游、休闲、娱乐带，它构成了以城市为中心的环城旅游空间。[①]

（1）城市是旅游的目的地和客源的主要来源地。

（2）城市环城游憩受土地租金和旅游成本两个因素的影响，在这种双重作用下，城市周边往往是居民休闲度假的高频出游区（距大城市中心 200 千米以内的范围）。

（3）旅游者不同、旅游需求不同，在城市的周边形成了不同的旅游带，这些旅游带以城市中心城区为核心，呈现出不同的旅

---

① 赵承磊.我国城市体育旅游资源与产品的理论和实证研究 [D].上海体育学院，2012.

游地域空间分布,以多层环带状分布为主要形式(图 4-4)。

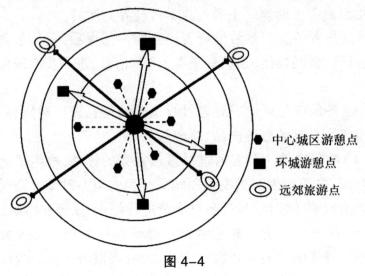

图 4-4

（二）城市体育旅游空间资源分布

以核心都市区作为空间上的旅游中心,可以把城市的外围（从城市中心向外辐射分布）分为 4 个旅游环带,具体分析如下。

（1）第一圈层——城市旅游带:主要游憩场所有 CBD、RBD、剧院、艺术区、博物馆等。

（2）第二圈层——近郊休闲旅游带:主要游憩场所包括工业与科技园区、名胜古迹、体育馆、森林公园等。

（3）第三圈层——乡村旅游带:主要游憩场所有度假村、野营地、乡土建筑、农场、牧场等。

（4）第四圈层——偏远旅游带:主要游憩场所包括野生动物园区、国家野营地(露营、打猎)、户外运动开展地等。

环城游憩带理论对城市体育旅游研究、规划具有重要的意义。它启示我们在城市体育旅游研究中不能仅仅囿于城市的中心城区,而应延展到广大的城市周边,它有助于城市体育旅游的合理规划、布局、开发。

五、可持续发展理论

（一）可持续发展的内涵

其概念的第一次被提出是在 1987 年的《我们共同的未来》报告中，在该报告中，"可持续发展"阐明了人类当前发展与未来发展之间的利害关系和协调发展。

可持续发展理论的核心是在社会经济发展的过程中，保护自然资源总量和总体上的生态完整，以促进人类社会的持续进步。要求"既满足当代人的需求，又不损害后代人满足其需要能力的发展。"要实现同代与代际的公平。

可持续发展理论重视对整个人类发展的研究，强调人类在发展经济的同时，也应重视物质文化发展和环境保护，目前，可持续发展理论被应用于社会、经济、文化、环境、科技等发展的各个领域。

（二）可持续发展理论指导下的体育旅游资源开发与利用

体育旅游可持续发展理论是随着可持续发展这一新观念的出现而出现的，是可持续发展思想在旅游这一特定领域的延伸。可持续发展理论指导下的体育旅游资源开发与利用，应重点做好以下工作。

1.加强资源保护、防范人为破坏

加强对体育旅游资源的保护要注意方法的选择，采取的保护措施和方法要注意科学性和合理性。在保护的过程中，各管理部门要将保护落到实处。在体育旅游资源开发过程中，严防体育旅游资源的人为破坏，因此，必须提高开发和建设的决策者，旅游业的经营者、体育旅游者与旅游地居民的环保意识和资源保护意识。

2.做好区域规划、规范旅游市场

在开发体育旅游资源前,要对体育旅游资源的各方面进行细致的可行性分析,不可盲目进行。要充分考虑体育旅游活动直接作用于自然旅游资源的破坏性程度大小;如何最大限度地保护并且避免或减少破坏程度;如何实现体育旅游活动项目与整个景区的景观的协调一致等问题。

此外,要加强我国体育旅游市场的相关法律法规的制定与完善,规范我国体育旅游市场,严惩各种环境破坏、资源浪费、恶性竞争等不良行为。

第三节　体育旅游资源开发的内容及价值

一、体育旅游资源开发的内容

体育旅游资源开发是一项系统性工作,涉及到社会发展和人类发展的诸多因素,从体育旅游资源开发过程构成来看,其主要包括开发主体、开发客体、开发介体三个构成要素(图4-5)。

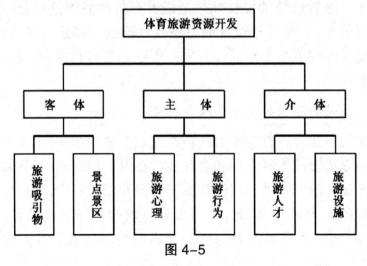

图4-5

要实现体育旅游资源的合理开发,必须正确处理体育旅游资源开发过程中的三个要素,做好以下体育旅游资源开发工作。

（一）景点规划与设计

合理的景点规划与设计是科学开发体育旅游资源的首要前提,对体育旅游资源的合理开发具有重要的指导意义。

旅游项目的定向是体育旅游资源开发所考虑的首要内容,应根据两大资源条件开发体育旅游项目,即自然资源条件、人文资源的条件。其次是考虑体育旅游者的定向,即开发的内容是适合于极限探险、猎奇型体育旅游活动,还是适合于大众化娱乐、休闲体育、健身旅游者的需求。

对于参加极限探险、猎奇型体育旅游活动的先行者,他们对交通道路、旅游基础设施要求不高,但对野外生存、救护、通讯联络要求较高,其中对体育旅游资源的基本要求是新、奇、险,必须要有刺激性、挑战性,这样才能增强他们参与体育旅游的积极性。

（二）交通与通讯建设

交通与通讯对体育旅游发展影响较大,会直接影响体育旅游中心地的知名度和游客接待量,同时,还会影响体育旅游者在体育旅游过程中的体验和满意度。

首先,体育旅游资源和自然环境有着密切的关系,有些资源具有地域性特点,并具有不可移动性,旅游者要到达这一地区就必须借助交通来实现。

其次,一些户外体育旅游具有一定的危险性,必须保持通讯的畅通,以为旅游者提供科学的指导。这也是旅游地与外界联系的先决条件。

最后,在开发体育旅游资源时,就要将交通与通讯两者内容处理好,良好的交通与通讯能有效缩短旅游时间与空间的距离,加强和外界的联系与交往,吸引旅游者前去旅游。

（三）体育与旅游设施建设

体育旅游是一种特殊的旅游形式,其本身具有的参与性特点较强,因此,体育旅游资源的开发就需考虑一般体育旅游者的能力,他们对旅游基础设施的要求较高。如果难度大、危险性高,就会打消旅游者参与的积极性。此外,体育与旅游配套设施还与旅游者的旅游体验密切相关。因此,必须重视体育与旅游设施的科学建设。

体育旅游活动的体育与旅游设施建设主要包括以下内容。

（1）一般体育旅游设施:如日常生活设施,供水、供电设施,道路交通、通讯系统以及体育项目的体育设施。

（2）运动场所及配套设施:如攀岩场不同高度与难度的攀岩墙,或高山滑雪配套上山缆车或牵引车等。

（3）体育旅游安全与保障设施:攀岩所需的安全带、安全头盔等安全保险设备及服务,如旅游安全路线选择等。

（四）旅游专业服务人员培训

体育旅游活动中,需要旅游者参与到具体的体育活动中去,这种参与性要求旅游服务的专业性。因为,并不是所有的体育旅游者都是某一项体育运动项目方面的专家,这时就需要专业服务人员的指导和服务,在保证体育旅游者顺利、安全完成体育活动过程中,充分体验到不同体育旅游活动的挑战性、刺激性。

体育旅游专业服务人员应加强安全保护服务、专业技术指导服务、专业景区讲解服务等方面的培训。

二、体育旅游资源开发的价值

旅游业与社会经济与文化的发展具有十分密切的关系,同时与其他产业也有密切的关系。体育旅游资源的合理开发有助于经济、社会、文化和环境等多元价值的实现,具体分析如下。

（一）促进地区建设

体育旅游资源的开发与利用并非局限于资源本身,同时,也要充分考虑对体育旅游资源相符的旅游接待条件的开发,即考虑体育旅游的空间发展能力。因此,在体育旅游的开发与利用过程中,就必然会涉及到城市规划、交通、基础设施等。这些对于地区基础设施建设具有良好的促进作用,能为旅游地当地居民提供更多便利。同时,提高旅游环境或接待空间。

（二）促进地区发展

旅游业的发展能促进旅游地经济的发展,为旅游地带来良好的经济收入。而合理有序的体育旅游资源开发,是保证体育旅游中心地经济持续增长的重要基础。

（三）宣传地方文化

体育旅游资源具有区域性特征,特殊体育旅游资源的开发不仅是旅游产业的发展,更是地方文化的宣传。以我国民族传统体育旅游资源来讲,旅游者观赏、了解、参与当地民族传统体育活动,不仅能愉悦身心,更是了解和理解当地体育文化和民族文化的重要途径。

第四节　体育旅游资源开发的评价及原则

一、体育旅游资源开发的评价

体育旅游资源开发评价具体是对体育旅游资源开发的规模、结构、类型、质量、性质等进行评价,以确定其开发意义、价值、可行性。

（一）评价目的

（1）为新体育旅游资源开发活动的具体实施提供理论指导。

（2）为已开发的或部分开发的老旅游区改造、扩展与利用提供科学依据。

（3）为体育旅游中心地体育旅游资源的整合、优化,发挥整体效应、合理利用资源提供科学指导。

（二）评价标准

1.特点与性质

按照性质对体育旅游资源开发进行评价,主要是从体育旅游资源的美、奇、特、奥、险等方面入手（表4-3）。

表4-3　体育旅游资源的评价标准

标准	说明	举例
美	体育旅游资源的美在很大程度上会影响体育旅游资源的吸引力,美的体育旅游资源可以使旅游者身心愉悦,心旷神怡	通过景物和环境美感、运动美来评定观赏价值。如户外运动、漂流、滑翔等
奇	指体育旅游资源具有非同寻常的,能够充分体现自然或人类巧夺天工的品质	如体育旅游景观形态令人产生的迷幻、惊奇心理,如溶洞探密
特	体育旅游资源区别于其他资源的独特的品质、标新立异的项目	如民族民俗节日活动相结合的体育活动
奥	主要表现在体育旅游资源的景观给旅游者的奥秘体验上	如热带丛林探密、峡谷探秘等
险	具有刺激性和挑战性的体育旅游项目	如空中冲浪、蹦极、攀岩、沙漠徒步等

2.周边环境

体育旅游资源的开发应与当地的自然环境、人文环境等相协调发展,对体育旅游中心地的体育旅游资源的可开发项目与周边地区的旅游区域和旅游景点及环境的协调程度进行可行性分析、破坏性分析与污染分析、发展性分析。

3. 市场标准

从经济和社会发展的角度对体育旅游资源的开发进行分析。主要是针对开发后的体育旅游资源对客源市场的吸引力、对体育旅游资源社会需求特征进行分析。

4. 项目标准

根据具体的体育运动项目的具体标准与要求,对相应的体育旅游资源开发进行评价。

（三）评价方法

当前,针对体育旅游资源开发的评价方法非常丰富,其中适用最广泛的就是体育旅游项目开展的可行性综合评价,具体来说就是对体育旅游所依托的旅游资源进行评价。包括地理环境、气候条件、安全性、技术性等诸多方面。

二、体育旅游资源开发的原则

（一）系统性原则

体育旅游资源开发是一项全面的、系统性的工作,它所涉及的方面、问题较多,因而必须进行科学的统筹安排、总体规划。

一般来说,体育旅游资源的系统规划包括四个方面,即资源的数量、质量、特点、区位,在此基础上,还要考虑体育旅游资源的市场分析预测、投资规模与力度等,保持体育旅游资源开发后能长期有所收益。系统性开发能有效避免由于局部失误造成的全局性失败。

（二）突出性原则

体育旅游资源的开发应充分考虑对旅游消费者的市场吸引力,这就要求在体育旅游资源开发过程中突出特色。

当前,我国的体育旅游市场已经进入消费者市场,体育旅游资源开发必须满足旅游消费者多元化、个性化的需求,如此才能吸引消费者,具有市场竞争力。在体育旅游资源开发过程中应充分保留资源的原始风貌,突出体育与自然、人文的完美结合,充分反映区域特色、民族文化特色,体现"人无我有,人有我优",打造旅游精品。

（三）效益性原则

体育旅游资源开发要重视多元效益的实现,具体来说就是要实现社会效益、经济效益和环境效益三者的统一。

实现经济效益是旅游业经营活动的一部分,体育旅游资源开发应促进当地经济和国民经济的发展。

实现社会效益就是通过发展体育旅游来调动社会大众参与体育活动的热情,培养大众的体育意识,丰富大众体育文化,为我国体育事业的发展创造良好的社会文化环境。

实现环境效益就是要求在开发体育旅游资源的过程中要重视环境保护,实现体育旅游与自然环境的协调统一与发展。

（四）保护性原则

体育旅游资源的开发过程中,应将资源保护、环境保护放在一个十分重要的地位。

对于体育旅游资源的开发,应将重点放在提高资源的利用率上,而非对资源的改造上,即改变旅游资源的可进入性,将开发重点工作放在附属设施(包括道路、通讯设施、住宿设施等)建设上,不破坏旅游资源本身。

对于某些特殊体育旅游资源来说,开发本身就意味着"破坏",对此类特殊的资源就要充分考证其是否具有开发的必要性,应建立在科学发展观的基础上,以保护为主,进行有限开发或者不开发。

第五节　我国体育旅游资源开发的模式

一、资源型开发模式

体育旅游资源的资源型开发模式,具体是指重点依靠自然资源和人文资源进行体育旅游开发。

以体育赛事欣赏和场馆赛后充分利用为例,2008 年北京奥运会举办以后,场馆的再利用问题是体育旅游资源开发的一个重要经验。在保证其举办大型国际赛事的基础上,积极对外开放,提供有偿服务,开展各种形式的大众文化活动。如观光旅游、文化体育服务、商业性文艺演出等。

二、市场型开发模式

体育旅游资源的市场型开发模式,具体是指市场需求,即以消费者的需求为基础进行有针对性的体育旅游产品(或服务)的开发(表 4-4),以扩大细分市场的占有率。

表 4-4　体育旅游产品市场细分 ①

体育旅游产品	目标市场	产品开发重点
健身养生	中老年人	修身、健心、养生、长寿
健美健身	妇女、青年	减肥、健美、形体训练
极限探险	中、青少年	超越自我、挑战自我
体育拓展	企业员工	提高竞争力,提高合作意识、增强团队凝聚力
民族民俗体育	异地游客	弘扬中华民族体育文化
体育观赛	体育爱好者	弘扬体育竞技精神、体验激情
商务旅游	体育产品经营者	提高专项体育技能,提高企业知名度,企业经济创收

① 于素梅.体育旅游资源开发研究 [D].河南大学,2005.

三、产业化开发模式

体育旅游资源开发的产业化开发模式,是在吸收传统开发模式优势的基础上,依托现有的资源、市场,提出的一种新发展模式。

体育旅游资源的产业化开发模式应从以下几方面入手。

(1)分析区域市场,找出有市场需求但尚需完善的内容,寻求能弥补现有体育旅游产业的补充产业,如休闲旅游、文化娱乐等产业,形成产业的集群效应。

(2)重视区域市场分析研究,如当前京津冀一体化发展过程中,京津冀地区体育旅游产业的区域化发展。

(3)以自然资源、人文资源和市场有利发展条件为依托,重视产业发展潜力深度挖掘。如依托当前北京—张家口 2022 冬奥会筹备期间的良好政策、社会文化环境,大量发展冰雪运动旅游。

四、创新型开发模式

体育旅游资源的创新性开发,是体育旅游产业科学、持续化发展的关键。

在体育旅游资源的创新型开发模式构建过程中,首先要树立创新意识,积极地去发现问题,解决问题,进而实现创新;其次要掌握正确的创新方法,只有创新意识是不行的,科学创新方法选择才能最终促进创新落到实处,成为实践。此外,需要特别注意的是,在创新过程中,要始终以体育旅游产业的科学发展理论为实践指导。

具体来说,体育旅游资源的创新开发应从以下几方面入手。

(1)新兴型项目开发。关注大众体育参与新趋势,围绕新兴体育项目开展旅游活动,如高尔夫休闲度假游、军事体育项目(实弹射击、军事游戏)、户外拓展与极限训练等。

(2)移植型项目开发。引入当地没有开展过的体育项目,丰富体育旅游内容,如在我国南方地区,将室内冰上运动与户外水上运动结合起来;在我国北方地区,将冰雪运动与泡温泉等结合起来;在草原沙漠地区开展滑草、滑沙运动。

（3）依托大型体育赛事开展旅游。如我国 2008 年奥运会比赛期间,来我国旅游的人数猛增,他们不光是观赏赛事,还游览我国名胜古迹、体验我国民族风情等。

第五章 我国体育旅游市场的营销研究

营销现已成为市场重要的手段，这在体育旅游市场中也同样如此。为了更好地促进我国体育旅游市场的快速发展，本章重点就我国体育旅游市场的营销进行研究。

第一节 体育旅游市场阐释

一、体育旅游市场概念

市场是在社会生产力达到一定程度之后所形成的产物，它随着商品经济的发展而得到不断发展。体育旅游市场是在商品经济条件下随着体育旅游活动的发展而逐渐形成和发展起来的，它是整个商品市场的重要组成部分。直至如今，体育旅游市场在现代市场经济条件下已经发展成为具有世界规模的大市场，它是整个旅游市场的重要组成部分。

市场是进行商品与劳务买卖的重要场所，它是在商品生产和商品交换的过程中逐渐产生和形成的，同时也包含了在商品和劳务交换的过程中所涉及到的人与人之间各种经济关系。市场可以从狭义和广义两个层面来进行分析。从广义的角度来看，市场是指在商品流通和交换的过程中所呈现出来的各种经济现象，以及由此所联结起来的人与人之间的各种经济关系。从狭义的层面来看，市场就是商品在一定时间和一定地点进行交换的场所或领域。这种狭义的市场，也被称为"有形市场"，如农贸市场、百货商店等。广义层面的市场即包含了有形市场,同时也包含了无形市场,无形市场主要是指没有固定的交易场所,通过中间商、广告或其他交易形式来寻找顾客和货源,并与买卖双方进行沟通,并促其成交,如有线电视、专利产品等。

从经济学的角度来看,在商品市场中,体育旅游市场是其中的一种。体育旅游市场是指体育旅游产品供求双方交换关系的总和。它能够对因体育旅游产品的供求所引起的各种经济关系和经济显现进行反映。由于服务是体育旅游产品最为重要的表现,所以将劳务供求作为中心的体育旅游市场属于无形市场,它主要是通过体育旅游中间商、广告以及其他体育旅游中介结构来完成交易。

从市场学的角度来看,体育旅游市场主要是指体育旅游产品的现实购买者以及潜在的购买者,也就是说,体育旅游市场是体育旅游产品的需求市场或体育旅游的客源市场。体育旅游产品的现实购买者是指已经具备了参与体育旅游主观条件和客观条件的消费者;而潜在的购买者是指已具备参加体育旅游的客观条件,但目前没有参与出游的打算,或者有出游的打算但暂时还不具备出游的客观条件的消费者。

二、体育旅游市场的构成要素

从经济学角度来看,体育旅游市场主要由市场主体、市场客体、市场中介三个要素构成,具体如下。

(一)市场主体

在体育旅游市场中,所谓的市场主体是指处在体育旅游产品交换中卖者和买者。其中,卖者主要是指体育旅游产品的供应者或生产者,而买者是指体育旅游产品的消费者或使用者。卖者主要是指具有独立的自主决策权和经济利益的经济法人,在当前市场经济条件下,它主要包括能够提供体育旅游产品和服务的个人、企业和其他社会团体。买者主要是指具有参与体育旅游条件和意愿的游客。

（二）市场客体

所谓市场客体是指可以用来进行交换的体育旅游产品，它包含了各种有形和无形的体育旅游资源和服务，也包含现实存在的体育旅游产品以及未来存在的体育产品。

（三）市场中介

所谓市场中介是指将体育旅游市场中的各个主体进行联结起来的各种有形和无形的桥梁、媒介，如竞争、价格、旅游中间商、旅游信息、其他中介机构、旅游质监机构、旅游问讯服务中心等，这些共同组成了体育旅游产品供应者之间、体育旅游产品消费者之间以及体育旅游产品供应者与消费者之间的媒介体系。

三、体育旅游市场功能

在体育旅游产品的供给和需求方面，体育旅游市场所发挥的重要作用，即为体育旅游市场的功能，这主要表现为以下三个方面。

（一）为体育旅游产品的供给与需求提供市场信息

在市场经济条件下，体育旅游产品的供应者需要根据体育旅游市场当前的具体需求来决定生产的体育旅游产品的类型以及生产数量，也就是根据需要来制定产量，要不然所生产出来的体育旅游产品在销售方面就会遇到很大的困难，甚至很难销售出去，这就造成了体育旅游产品供给者会面临很大的损失。体育旅游供给者要想获得体育旅游需求的相关信息离不开体育旅游市场。同样，通过体育旅游市场，体育旅游产品的需求者也能够获得有关体育旅游产品的相关信息，如市场上的各类型的体育旅游产品以及相关价格。

（二）为体育旅游产品的交易提供条件

如前所述,体育旅游产品的交易是一种无形产品交易,体育旅游产品的提供者要将其生产的产品销售给体育旅游产品需求者,或体育旅游产品需求者要想体育旅游产品的生产者购买相应的产品,主要是通过各种体育旅游市场中介,也就是各类旅游中间商或各种广告媒体来实现。这些都是实现体育旅游产品交易的必要条件。

（三）为体育旅游产品供求矛盾的协调解决提供调节机制

所谓市场经济体制是指在市场经济中,供求、竞争、价格等在市场上直接发生作用的因素相互制约、相互适应,自我组织、自行调节的有机体系。这是市场经济的内在机制,也是各个市场要素和市场主体之间有机联系的客观必然性。在市场中,市场机制主要有价值机制、供求机制和竞争机制三种。体育旅游产品的供求矛盾在市场价格杠杆和竞争的推动下,由产品供求双方进行自行调节,并使之趋于平衡。

第二节　体育旅游产品开发的策略

一、体育旅游产品概述

产品是指能够向市场进行提供,并使人们的某种该需求得到满足的产品或服务。它包含很多种类型,既包含有形产品,同时也包含无形产品,如信息、服务、产品等共同构成的产品体系。

体育旅游产品是指,为了满足体育旅游消费中的各种需求,体育旅游企业所生产的各种产品或提供的服务,它包含了整个体育旅游活动各个阶段所有事物和现象等的总和。

在具体生产的过程中,体育旅游产品主要是根据体育旅游消费者的具体需求来开展的,只有满足消费者的需求才能获得相应的市场,所生产出来的体育旅游产品才会受到人们的欢迎。

由此可见,体育旅游消费者的需求对于体育旅游的经营者来说有着非常重要的意义。

作为一种较为新型的旅游产品,体育旅游与其他类型的旅游有着共同之处,它也包括衣、食、住、行、购、娱、游等各个环节,这些环节都是体育旅游产品所包含的具体内容。在内容方面,虽然体育旅游产品有所不同,但都包含在消费者体育旅游整个过程之中。体育旅游可以看作是一个过程,企业在这个过程中为消费者提供服务和各种产品。

随着社会的发展和进步,人们的观念也在不断发生改变,同时体育旅游市场也在发生变化。在这种条件下,体育旅游企业只有树立和坚持发展的眼光,要从提高体育旅游产品质量着手,以使更多消费者的需求得到更好的满足,从而使企业获得更好的发展。体育旅游企业将自身所提供的主要无形的服务产品向人们进行提供,使人们在体育旅游这一过程中获得相应的体验。

随着现代社会的不断发展进步,科学技术的日益更新以及消费者需求的越来越个性化,体育旅游产品所具有的内涵和外延也在不断扩大。根据现代观念,可以将现代旅游产品界定为:为了使体育旅游者在参与体育旅游活动的过程中的各种需求得到满足,体育旅游企业面向体育旅游市场所提供的各种服务和物品。对于体育旅游产品的外延,其也是从产品的基本功能向着产品的基本形式、所期望的产品条件和属性、相关服务和附加利益以及产品的未来发展等方向进行延伸。

二、不同市场生命周期的产品开发策略

（一）体育产品生命周期的概念

任何一种产品在市场上都有其相对应的周期,在产品进入市

场之后,经过一定时间的发展,从市场中退出是其最终的结果。所谓产品的生命周期是指将一种产品投入市场开始,直到其最终退出市场为止,其所经历的全部时间过程。一个产品在整个生命周期中会经历产生、成长、发展、成熟、衰退等过程,在这个过程中,其在市场中的销售和获利能力也在不断发生变化。当产品失去了销售和获利能力时,就说明其被市场所淘汰,退出市场。对于体育产品来说,有着非常长的市场生命周期,特别是对于体育旅游产品来说,能够在市场中经历很长很长的时间而不衰。

一般情况下,产品的整个生命周期可以划分为引入期、成长期、成熟期和衰退期四个阶段,如图 5-1 所示。在引入阶段,产品在销售和利润方面都会有所适度增长;在成长阶段,产品的销售和利润会增长得比较快;到了成熟阶段,产品的销售和利润增长将处于稳定;进入衰退阶段,产品的销量和利润会随之不断萎缩。

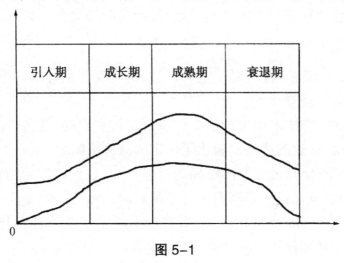

图 5-1

（二）体育产品生命周期各阶段的特征

1. 引入期的特征

所谓引入期就是指产品初步进入到市场的时期。体育产品在这一阶段所表现出来的市场特征,主要从以下几个方面体现出来。

（1）对该体育产品，消费者尚缺乏相应的了解，这就使得产品在销量方面偏低，并且这一阶段的产品单位成本较高。

（2）由于产品刚进入到市场之中，无论是在生产过程，还是在管理方面，都缺乏足够的经验，使得产品的质量不稳定，其性能也需要得到一定的完善。

（3）在该阶段，需要投入较多的资金来吸引经销商，同时还要寻找相应的销售渠道，这就使得推销费用在这一阶段占有较大的比重，利润相对较低，甚至会出现亏损的现象。

（4）由于正处在市场引入期，这就对价格的制定造成困难，需要对成本、需求、利润三者之间的关系进行协调。

（5）在引入阶段，由于市场竞争方面还比较弱，这对于快速进行市场扩展是非常有利的，并对产品的定位进行明确。

（6）新产品都会面临一定的市场风险，所研发出来的新产品如果不能使市场的需求得到满足，那就该产品就会面临夭折。

2. 成长期的特征

（1）在成长阶段，对于这一产品，消费者已经有所熟悉，产品销量也会快速增长。

（2）生产技术和生产效率的不断发展和提高，使得产品的生产成本降低，这就为产品留出了一定的降价空间。

（3）产品知名度的不断提高，使得产品在促销方面的花费也随之降低，从而进一步提升了产品的利润。

（4）丰厚的产品利润，吸引着越来越多的竞争者参与其中，从而进一步加剧了市场竞争。

（5）通过前期的准备，到了成长期已经建立了比较稳定的销售渠道。

3. 成熟期的特征

（1）到了这一阶段，市场已经达到饱和，产品在销量方面逐步达到了最高峰，但产品的销售率开始呈现出不断下降的趋势。到了成熟期后期，产品销售水平下降得非常明显，原有消费者的兴趣也开始转移到其他的新产品。

（2）产品的生产成本会不断降低,甚至一些竞争力较差的企业会不断被淘汰,很少有新的竞争者加入。该体育产品的成本降得更低。

（3）为了保证竞争优势,在市场上保持份额,降价销售、促销等策略被采用。这就使得虽然销量增加,但是利润率相对下降。

（4）一些规模较大的企业和一些具有远见卓识的管理者开始对新产品进行研发,并开始瞄准新的市场。

4. 衰退期的特征

（1）消费者在这一阶段的消费需求会发生变化,消费者的需求在该产品中很难得到满足,这就造成了该产品的积压。

（2）产品的价格会不断降低,由于产品利润的下降,企业会出现亏损现象。

（3）竞争的不断加剧,导致产品利润越来越低,越来越多的企业开始退出这一市场。

（4）处于这一市场中的企业还是对相应的附加产品进行缩减,并采用专门的手段来将开支削减,从而更好地维持企业的运转。

（5）市场中开始出现更好的替代产品,并逐步取而代之。

（三）体育产品各生命周期的营销策略

不同的产品,有着不同的生命周期,要采取与该阶段相符合的营销策略,只有这样才能获得相应的经济效益。

1. 引入期策略

当产品进入到市场时,要通过采取各种营销手段来提高消费者对于产品的印象,提升产品的知名度,这样才能使消费者对产品更快地进行了解。在产品的引入期,应积极建立相应的营销渠道,积极拓展产品的销售渠道。

（1）快速掠取策略

所谓快速掠取策略是指通过采用高价格、高促销的方法,来为产品树立起良好的形式,获得更大的利润,通过高价格来补偿促销的费用。通过采用这一策略可以使产品能够更好地引起市场的注意,更为快速地占据市场。目前,一些较大、知名的企业常采用这一策略,特别是在对新产品进行推广的阶段。

在采用这种策略来达到相应目的时,要注意以下几个方面的具体要求。

第一,在质量方面,产品要具有优势,能够使产品的使用价值满足消费者的需求。

第二,相应的目标市场对产品有着较大的需求。

第三,对于该产品,消费者还不太了解。消费者还不太了解该类产品的品牌,有着比较强的求新意识,并且具有相应的购买能力。

第四,体育组织的经营面临着相应的竞争和威胁,急于抢占市场。

（2）缓慢掠取策略

所谓缓慢掠取策略是指价格相对较高,但在促销方面相对较低。这一策略有着比较低的成本,从而更好地保证企业能够获得更高的利润。通常采用这一策略的条件有如下几方面。

第一,市场规模比较小,市场竞争不那么激烈。

第二,对于该产品,大多数消费者有着一定程度的了解。

第三,相对较高的价格也在消费者的承受范围之内。

这样策略常常在健身俱乐部、高档健身会所、大型体育赛事等中被使用。

（3）快速渗透策略

所谓快速渗透策略是指采用较低的价格以及搞促销的手段。通过采用这种策略能够使产品快速渗透到市场之中,从而占领相应的目标市场。

通常这种策略所适用的情况有如下几方面条件。

第一,具有较大的市场规模,并且市场竞争也是比较激烈。

第二,对于体育产品,消费者还不怎么了解,但对于产品的价格,消费者比较敏感。

第三,具有较大的生产规模,单位生产成本较低。

通过上述的这些条件的分析可知,一些小型的商业化比赛多采用这一策略。

（4）快速渗透策略

所谓快速渗透策略是指采用较低的价格以及较低的促销。消费者对产品比较乐意接受,并节省了相应的促销费用。在运用这一策略时,要注意以下几点。

第一,在目标市场中,相应的体育产品具有较大的市场潜力。

第二,对于该体育产品,消费者已有了大致的了解,并且较为在意产品的价格。

第三,在市场中存在着潜在的竞争威胁。

在我国的一些群众性体育健身场馆的运作中,大都采用这一经营策略。

2. 成长期策略

到了体育产品的成长期,对于该体育产品消费者已经普遍接受,无论是销售数量,还是产品利润都在不断增长。但是不断增加的利润,也吸引了更多的竞争者,造成了竞争越来也激烈。这种情况下,企业要想获得更好的发展,就必须要树立起良好的品牌提升品牌的价值,并增加消费者对品牌的忠诚度。在产品成长期,所采取的营销策略主要有以下几个方面。

（1）对产品的性能进行不断的提升和改进,提高产品的数量,以使消费者能够获得更好的体验。这主要从新功能的增加,提供特色服务等方面着手。

（2）重新对销售渠道进行评价,巩固原有的有利渠道,稳定地开辟新的销售渠道,进一步开拓市场,扩大产品销售。

（3）深入分析竞争对手,找出竞争对手存在的弱点,向空缺市场进行积极的渗透,以进一步扩大市场占有率。

（4）可以通过调整产品价格,以更好地保证产品在市场中的地位,适当降低产品价格来吸引更多的消费者,并对其他竞争者进入市场进行压制。

（5）在产品促销方面进行加强，要使产品在促销过程中树立良好的品牌形象，以使产品品牌获得更好消费者的认可，并对忠诚的消费者进行培养。

3. 成熟期策略

到了体育产品的成熟期，产品在市场中已经趋于饱和，市场中存在的潜在购买力不断下降，产品利润的增长数度也开始放缓，有的甚至出现负增长。就整个市场来说，已经形成了相应的竞争格局，要想将这种格局突破有着较大的困难。在这一阶段可以采用以下集中策略。

（1）市场改变策略

这种策略主要是为了寻求市场，通过对新产品进行开发，或增加新的用途等方式来进入到正处于引入期或者成长期的市场之中。

（2）产品改进策略

所谓产品改进策略，就是指对产品进行相应的改革，通过改进产品来吸引消费者进行购买，对于产品的改进主要包括产品的特性、品质、服务、款式等方面。

（3）营销组合改良策略

在产品营销方面，有着很多种策略，可以通过对多种营销策略进行组合来吸引更多的消费者。在对产品质量进行保证的前提下，通过采用降低价格、扩大销售渠道等方式来招揽消费者。可改变广告中的诉求，采取新的宣传策略，发掘潜在的消费者人群。

（4）品牌扩张策略

产品在不断发展的过程中，会逐步形成自身的品牌。为了进一步提高产品的销量，扩大产品品牌的覆盖面，就需要对产品进行一系列的开发，从而进一步促进产品品牌的发展。

4. 衰退期策略

每一个产品都有其衰退期，这主要是有多方面因素造成的。

在产品衰退期,所获得利润会不断下降,这就需要采取一系列的手段来进行应对。

（1）集中策略

这种策略就是通过集中各种资源用于自身最有效、最有利的销售。

（2）重新定位策略

所谓重新定位策略是指通过运用各种手段,来促使消费者改变对产品和品牌的认知,从而更好地树立起新的品牌形象,这样就能够推陈出新,从而获得更好的效果。

（3）放弃策略

一旦产品失去了市场,即使有更多的资源投入,所获得的回报也是非常有限的,这时就需要采取放弃策略,对新的产品进行开发,寻找和发现新的市场。

三、新产品开发的步骤

作为一个相对较新的产业,体育旅游在对新产品进行开发的过程中,要对市场的需求进行分析,并将此作为依据来开发新的产品,从而使做出的产品能够更好地吸引目标群体。在此过程中,市场需求是非常重要的,在有需求的情况下在会在某一方面投入相应的资源,以更好地满足体育消费者的产品需求。在开发新产品时,对市场需求进行把握是其出发点。

通常来说,新产品的开发主要包括技术引进、研究与引进相结合、自行研制三种形式。在这三种形式之中,自行研制需要有更多的资金投入,也是最为复杂的,有着很高的风险,如果所开发出来的产品无法使市场需求得到满足,那么所开发的产品是失败的。如果开发成功,那么就会有很多的效益。在开发新产品时,要注意采用科学的方法,新产品的开发和研制,如图 5-2 所示。

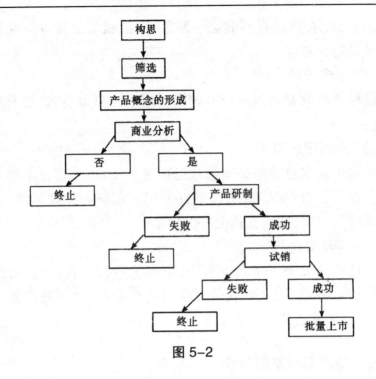

图 5-2

（一）构思

所为产品构思的过程,其实就是对新产品的方向进行探索的过程。产品构思是研发新产品中的一个环节。在进行构思的过程中,相应的专家咨询、市场讨论、市场调查等是其中的重要基础。在进行构思时,有以下几方面的问题需要思考。

（1）就目前的消费者群体来说,还需要哪些其他的产品。

（2）相似的产品还需要其他的什么功能。

（3）体育经营组织现有的人员、技术还能有什么其他的用途?

（4）还需要对体育经营组织现有的技术工艺做出哪些调整。

（二）筛选

筛选是指对新产品进行选择的过程,这一过程是在广泛收集、整理和分析新产品构思的基础上进行的。在对新产品进行构思的过程中,要使构思的新产品符合企业长远发展的利益,能够将企业所具有的优势发挥出来,要放弃那些具有较小可行性和不具备获利可能的产品构思。在进行筛选时,应综合考虑多方面的因素,包括竞争情况、市场需求情况和企业自身的情况等。

（三）产品概念成形

通过深入探讨和发展所筛选的产品构思,以使其能够形成一定的产品概念,从而形成相对较为成熟的产品构思。在阐述产品的概念时,要对产品的性能、价格和细分市场进行阐释。应对每个产品构思的潜在价值进行充分考虑,在对比分析的基础上来确定一个最佳的产品概念。

（四）商业分析

在对产品的概念进行确定之后,要针对产品的产业价值做出相应的评价。在对各种资料进行整合和分析的基础上,进一步预估产品的成本、销售额和所获得的利润等,在进行综合评定之后,如果方案可行,再进行接下来的工作。

（五）开发研制

通过进行商业分析之后,将产品分配给市场开发部门来着手产品的生产,同时对新产品进行实验和论证。此外,还可以找一些消费者来进行实验,并搜集相应的意见和建议,然后根据反馈的信息来对产品进行改进。在开发研制阶段,还应注重产品的品牌和包装的设计。

（六）市场试销

在对产品研制成功之后,还要进行试销,以更好地检验产品在正式的市场环境下是否能够满足消费者的需求。在试销售的过程中,要注意做好地区的选择、收支的掌握等,也要注意积累各种资料,从而更好地进行后续分析。通过试销,来对产品的不足进行改进，或果断放弃。

（七）批量上市

在试销获得成功之后，接下来就要开始进行新产品全面的市场推广工作，并进行批量生产。同时，选择好相应的投放时期以及营销策略。批量上市阶段，会进行大量的前期投入。

第三节　体育旅游市场营销策划

一、市场营销策划概述

实现商品销售，是企业进行市场营销的重要目的之一。通过开展各类市场营销活动，能够很好地帮助企业对消费者的各类需求进行了解和掌握，并根据消费者具体的需求来对相应的产品进行设计，通过采取各类销售手段来促使消费者做出相应的购买选择，从而实现商品的交换。通过市场营销，实现了商品在市场中的购买和销售。

在进行市场营销的过程中，商品在空间上发生了位置转移，并在市场竞技规律的调解下，达到了供需平衡的状态。市场是各种商品和信息不断流通的市场，市场营销的物流功能促进了交换功能的实现，促进了市场的健康发展。通过开展市场营销，企业能够更好地促进买卖双方的交流，以为产品、资源、信息、资金等的流通提供相应的便利。

在组织和开展各类营销活动的过程中，要做出相应的市场营销策划，通过准备、计划、协调和执行，最后完成相应的营销活动。对于市场营销策划，一些学者将其定义为：将满足消费者的欲望和需求作为核心，根据企业的营销目标，来对企业的产品、服务、价值、创意、促销、渠道等进行设计和规划，从而实现组织与个人之间的交换过程。

市场营销活动是通过一系列有组织的人员来负责实施的,其成功与市场营销策划有着很大的联系,市场营销策划是在对经营组织的营销环境进行充分认识和分析之后所制定出来的,并且在对体育市场特征进行充分认识和深入研究的基础上,与企业的资源条件、体育经营单位的总体目标等相配合来进行拟订,这样既能够对整个企业营销活动进行指导,同时也是对营销过程中存在的问题进行解决的创意思维。

市场营销策划并不是单纯的与体育有关的广告与产品的销售策划活动,它是全面性的,其内容包括实现既定目标的方法、途径,以及各项资源的配置,它的目的在于赢得企业营销的全面胜利。

市场营销策划的意义主要表现在以下几方面。

第一,为了更好地促进企业的发展而提供理想的路线图。

第二,通过营销策略的指导,实现企业的发展战略,进行科学化的管理。

第三,更好地利用人力、财力和物力资源,协调好人与人之间的关系。

第四,更好地帮助企业对发展中存在的问题有一个清晰的认识,对其中存在的机遇和挑战加以更好地把握和应对。

二、体育旅游市场营销策划的步骤

一般来说,体育旅游市场营销策划的准备步骤如图5-3所示。

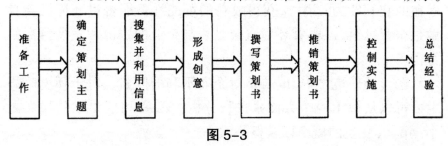

准备工作 → 确定策划主题 → 搜集并利用信息 → 形成创意 → 撰写策划书 → 推销策划书 → 控制实施 → 总结经验

图5-3

（一）准备工作

1. 准备工作的要素

针对体育旅游产品进行营销策划的过程中,首先要做好准备工作,这主要是提供与企业经营有关的背景材料,如企业特点、企业经营状况、竞争对手状况、市场环境等。

分析体育旅游市场,形成市场分析报告,对市场的规模、市场近几年的发展情况以及消费者的购买行为和消费需求趋向等进行详细的说明。

分析体育旅游产品以及相关服务的过程中,要深入分析产品的价格变动情况、销量情况以及利润情况等。

通过详细分析体育旅游市场的竞争情况,特别是深入分析竞争对手的情况,以做到知己知彼,从而更好地开展营销活动。具体而言,应对竞争对手的经营策略、促销策略、产品特色等进行分析,并对其市场占有情况和未来发展趋势进行研究。

2.SWOT 分析

在准备工作中,还有一个非常重要的工作,也就是,针对本企业的经营进行 SWOT 分析,具体是指优势(Strengths)、弱点(Weakness)、机遇(Opportunities)和威胁(Threats)。

在营销环境之中,机遇是对企业来说最为有利的因素。对环境机会进行评估主要包括以下几个方面:第一,吸引力,也就是潜在的获利能力;第二,获得成功的可能性。能否将环境机会看做是企业机会,需要看环境机会是否与企业的资源和发展目标相符合。

在营销环境之中,威胁是对企业不利的因素。对于环境威胁主要可以从以下两个方面来进行分析:第一,可能带来的损失大小;第二,发生的概率以及概率大小。

通过开展 SWOT 分析,首先要分析体育旅游企业所处的外部环境,找出其中存在的有利因素,并对不利因素进行有效避免。

表 5-1 是一份对企业外部环境评价的分析表。

表 5-1　外部环境分析评价表（机遇与威胁）

指标	机遇（评价）	威胁（评价）
1. 关于体育产业的政策、制度、法律等		
2. 体育经营组织所面临的经济环境		
3. 体育经营组织所面临的政治环境		
4. 管理体育事业的政府及管理机构		
5. 本行业的新技术		
6. 本企业所面临的市场竞争情况		
7. 潜在的消费者		
8. 当前的消费者		

在分析外部环境的基础上，来更好地分析企业内部的经营状况，包括对企业的优势和劣势进行分析，并客观地描述。在制定营销策划的过程中，要对企业的优势进行充分利用，并积极地改进企存在的缺点。表 5-2 为企业内部分析时所涉及的问题。

表 5-2　内部分析评价表（优势与弱点）

指标	优势（评价）	弱点（评价）
1. 本企业主要产品与服务的质量与其他企业产品相比		
2. 本企业产品与服务的利润与其他企业产品的利润相比		
3. 本企业的生产状况		
4. 本企业的财务状况		
5. 本企业的人才资源		
6. 本企业的现行营销状况		
7. 本企业的管理与运行状况		
8. 本企业的声誉		

通过开展 SWOT 分析可知，体育产品企业在规模方面越小，那么其就会越简单，并且参与的人数也会相对较多，能够获得更

好的效果。参与人数越多,越能够集思广益,促进人们的积极性得到不断提高,更进一步促进企业的管理和发展。

在进行 SWOT 分析之后,可针对优点和缺点有针对性地解决问题,然后开展相应的策划。

（二）确定策划主题

1.策划主题的选择

通常来说,体育旅游市场的营销策划主要来源于以下几个方面。

（1）通过上级来将主题直接下达。

（2）通过开展部门会议以及公司策划会议来对主题进行讨论并决定出主题。

（3）根据自身的思考和判断,策划人员来选出相应的策划主题。

不同的企业,在经营方面存在不同的状况,在对策划主题进行选择时,也会有着不同的参考标准。如果缺少了相应的参考标准,那么就会导致在策划主题的选择方面存在一定的盲目性,从而造成一定的资源浪费。通常来说,为了使策划的盲目性得到有效的避免,那么策划主题的来源主要从以下几个方面来进行。

其一,企业的管理者、上层领导根据企业的总体发展设想来下达策划主题。

其二,企业的高层管理者进行多方面的讨论,觉得很有必要的策划主题。

其三,部门主管觉得很有必要,然后进行会议讨论而获得认可的主题。

其四,由营销策划部门提出的,经体育组织高层认可的主题。

2.明确策划主题

在筛选出策划主题之后,要对策划主题进行进一步明确,并对下一步工作的开展指明方向。策划主题越明确,那么所获得的策划成效也就越好,更有利于下一步工作的顺利开展。

3.设定目标

在体育旅游市场营销策划中,目标是策划的核心部分,它对制定整个营销策略以及行动方案都具有非常重要的意义。通常来说,体育旅游市场营销的策划主要有两类目标,一是财务目标;二是市场营销目标。财务目标与营销目标有着相辅相成的关系。通过达成营销目标,就能够顺利实现财务目标。在对相应的目标进行制定时,要尽量避免目标的模糊不清,要采用数字标准进行设定,通过定量的方式来进行表述,以便于最后对目标的完成情况作出测评。

(三)搜集并利用资料

体育旅游市场营销策划,就是通过对有限的资源加以综合利用,来获得最为理想的效果,这需要收集各个方面的资料和信息,以确保策划符合具体实际情况,以制定出更为科学的策划,市场调查就是要多看、多听、多问、多查。详细的说,在收集资料方面要做好以下几点要求。

1.市场需求调研的内容

(1)商品在市场上的供需情况以及变化趋势。

(2)在改变销售策略之后,可能带来的商品销售量的变化以及竞争者销售量的变化趋势等。

(3)企业自身产品的市场需求结构、需求潜量以及销售潜量等。

2.消费者的调研

对消费者的购买动机、购买习惯和购买欲望等进行调查和研究是针对消费者进行调研活动的主要内容,由此可见,对消费者进行调研是目前市场调研中最为重要、最为困难的课题之一。图5-4为消费者的购买行为模式。

图 5-4

对体育消费者开展的调研，其具体内容包括以下几个方面。

（1）组成体育消费者的群体有哪些？

（2）体育消费者购买力水平与消费结构如何？

（3）购买体育商品的主要人群是谁？使用者是谁？购买行为的决策者是谁？体育消费者的购买决策会受到哪些因素的影响？

（4）体育消费者对体育实物消费品、体育劳务或服务产品的要求，以及购买动机和购买习惯是什么？

（5）体育消费者是否信任本体育经营单位，印象如何？

3. 竞争情况调研内容

通过进行竞争情况调研，能够对竞争对手的基本情况进行掌握，并根据对手的经营情况来制定出相应的竞争战略。

（1）同行业竞争者有多少？

（2）竞争者产品的品种、数量、成本、价格和利润水平如何？

（3）竞争者的市场经营方针及策略是什么？

（4）各竞争对手的经营实力如何？市场占有率是多少？

（5）各竞争对手的优势和劣势是什么？

4. 市场营销组合影响的调研

（1）体育产品调研

体育产品调研主要包括产品的试销调研、产品的包装调研、产品的生命周期调研以及消费者对本经营单位产品的评价。

（2）分配调研

分配调研主要包括对经销单位、中间商的销售状况调研，以及对产品预售和代销渠道的调研等。

（3）价格调研

价格调研主要包括消费者对体育服务或体育劳务消费品以及实物消费品价格变动的反应调研，新开发的消费品价格调研等。

（4）促销调研

促销调研包括广告研究、广告媒体的调研、广告预算的拟定、广告效果的测定以及其他促销方式的研究。

5. 其他不可控制因素的调研

此外，还存在一些其他不可控制的因素，如社会、政治、竞技、文化、法律和科技等因素。这些不可控因素的情报资料可以通过一些间接的方式来获得，如杂志、报纸等。

（四）形成创意

信息的收集与整理的过程，便是创意产生的过程。在对信息进行收集的过程中，能够获得一些线索以及灵感，从而形成相应的创意。创意产生的过程就是信息的收集、整理、组合的过程，可将这一过程分为三个阶段，分别是灵感产生的线索启示、产生灵感、产生创意构思。

（五）撰写策划书

营销策划书是一种书面材料，它是为了保证某一营销策划得以顺利实施而提供的。该部分在整个策划中占据着非常重要的地位。在策划书的制定过程中，要求要通俗易懂，能够让别人信服。通常来说，营销策划书主要包括封面、目录、前言、策划摘要、背景分析、策划目标、方案说明、预期效益、使用资源、风险评估等方面的内容。

（六）控制实施

在通过策划方案之后，接下来进行实施的过程。通常情况下，策划与实施是由两个单位共同完成的。这就要求策划部门要与实施部门之间保持良好的沟通和交流，从而更为有效地实施策划方案。在实施策划方案时，要针对整个的实施过程进行考核，以确保策划方案能够得到科学实施。

第四节　体育旅游市场发展的策略

一、体育旅游的价格策略

（一）产品价格策略概述

控制产品价格，是对体育旅游产品价格策略进行设计的直接目的。在对相关的策略进行制定的过程中，要对相应的市场影响进行充分考虑，同时也要对竞争对手的反应进行预期。市场结构条件的不同，也会出现不同的供需情况，这就需要体育旅游企业针对具体情况采用不同的价格策略。

1. 新产品定价策略

在新产品进入市场时，需要制定合理的价格策略。常用的新产品定价策略主要有如下几种。

（1）"撇脂"定价策略

当处于市场需求弹性较小，竞争者尚未进入到市场中时，可以采用"撇脂"定价策略。在导入阶段，可以通过相对较高的价格定位，来从中获得较高的利润。通过采用这种定价方式既能够使消费者求异、猎奇、求新的心理得到满足，同时也能够获得更为丰厚的利润。但是，通过采用这种方法会吸引较多的竞争者，进而造成竞争加剧。

（2）渗透定价策略

渗透定价策略是指在新产品刚进入市场时，采用较低的价格定位，评价价格优势来占据较大的市场份额，进而提高销售量。通过采用这种策略，能够非常快速地占据市场，并能够在一定程度上阻止其他的竞争者进入市场。但这一策略所带来的利润比价低，对于价格也不便于进行调整，当提升产品价格时，会导致失去部分市场。

（3）满意定价策略

通过开展市场调查来制定出能够让消费者满意的价格，同时也能够使企业获得一定的利润得到保证。在市场中，这种策略被普遍采用。这种策略的优点在于价格较为稳定，能够根据预期来实现利润目标，并且在调整价格方面也存在一定的余地。但当市场处于较为复杂情况之中时，并不适合采用这种策略，除非有着较为集中的目标群体。

2. 心理定价策略

所谓心理定价策略是指体育旅游产品的价格根据消费者的购买心理来进行制定，以使不同购买心理的消费群体得到满足。

（1）声望定价策略

在树立一定的品牌时，产品会在一定的消费者心中形成一定的声望。人们之所以会购买产品，主要是因为他们对该产品的"牌子"有所认可，即使价格较高，但也能够接受。

（2）整数定价策略

在对体育产品的价格进行制定时，体育经营组织只取整数，不要零头。这主要适用于对高档体育产品进行定价的过程中。将 98 变为 100，将 1 280 变为 1 300，去掉尾数提高价格，满足消费者炫耀的心理。

（3）尾数定价策略

对于体育旅游产品的价格，一些体育旅游产品企业会故意留有尾数,如 3.98 元,1 899 元,14.9 元等。目前,这一策略也是应用非常广泛,299 和 300 相差无几,但是其能够直观上给人以"便宜"的感觉。

(4)习惯定价策略

这一策略是指根据消费者所习惯的价格来对体育旅游产品的价格进行制定,并尽可能地保持稳定。一直以来,对于相应产品的价格,消费者可能已经习惯,如果将价格提高,消费者就很难接受。

(5)促销定价策略

为了吸引更多的消费者,可进行适当的低价促销。

3. 折扣定价策略

在体育旅游产品的正式价格基础上给予适当的折扣,让利给消费者,以吸引顾客,扩大销售。这主要包括以下几种策略。

(1)现金折扣策略

一次性付清货款的给予折扣,如俱乐部会费的给付。

(2)数量折扣策略

对大量购买产品的消费者减价销售,给予适当的价格优惠。

(3)季节折扣策略

过季或过时的产品降价销售。

(4)中间商折扣策略

适当给予批发商或零售商额外的折扣,促使他们愿意经营自己的产品。

(5)折让策略

这是指以旧换新,旧的产品可以抵作新产品的一部分货款。

(二)体育旅游产品的价格营销策略

通常来说,对体育旅游产品价格策略产生影响的因素有很多,主要包括内部因素和外部因素。其中,内部因素主要包括公司的营销目标、成本、营销组合策略以及定价组织。外部因素主要包括市场和需求的性质、竞争以及政府等。

除了受到上述因素影响之外,体育旅游产品的价格还会受到制定旅游产品价格时将产品的风险费用计算在内,目标顾客旅游消费时在其他产品上的费用等方面的影响。这主要是因为,除了对旅游产品所带来的快乐进行感受和体验时,旅游者还会在旅游过程中感受吃、住、行的方便、温馨、特色等,旅游者在外出旅游时的预算往往是整个旅游线路全程的总花费。此外,一些体育旅游项目本身存在很大的危险性,即使有一些必要的措施作为保护,但也很难避免出现意外。一旦旅游者出现意外,企业必须要承担相应的责任,这就使得企业必须要将这些风险按照一定的方法计算到体育旅游产品之中。由此来看,体育旅游产品定价时需要考虑旅游时花费在其他产品上的费用以及旅游产品的风险费用因素。

在销售体育旅游产品的过程中,体育旅游中间商是其中的关键环节,也就是旅行社开展相应的营销活动。根据消费者的需求,需要中间商来提供不同价格的服务,促使消费者根据自身的购买力来进行选择。另外,体育旅游产品的价格与社会发展情况密切相关,其还与地区的体育旅游设施、服务质量等有一定的关系。地区不同,体育旅游的价格也存在较大差异,服务的质量、数量和特点等都会对消费者产生很大的吸引力,从而使不同消费者的体育旅游需求得到满足。消费者的消费需求不同,在制定体育旅游产品相应价格时也会存在一定的差异。

体育旅游的价格也和季节、节假日等具有密切的关系,有淡季和旺季之分。体育旅游的价格根据淡旺季来进行适当的价格调整。通常来说,体育旅游人数在旅游旺季会增多,相应的价格会出现上涨;在旅游淡季,体育旅游产品的价格就会相应的下降。就拿我国北方沿海地区来说,在夏季北方沿海地区处于体育旅游的旺季;而到了冬季,由于天气比较寒冷,北方沿海地区的体育旅游业处于淡季。

根据上述分析,体育旅游产品的定价亦可采取撇脂定价、渗透定价和适中定价三种策略。事实表明,我国的体育旅游业处于不断的发展变化之中,随着人们生活水平的不断提高,个人自驾游也越来越被更多的人所选择。个人旅游的支付方式是"现付现享,零付零享",因此其对于价格的变动较为敏感。在针对这一消费群体制定相应的价格时,要注意采用适合的价格策略,以使价格的杠杆作用得到充分发挥。

可采用的价格营销策略有如下几方面。

(1)针对不同的空间实行差价,如根据旅游的热、温、冷的特点来实行不同的定价。

(2)区别不同时间实行差价,如针对旅游淡季和旺季、散客等实行浮动价,景点门票到了周末会比平时要高一些。在淡季可以开展一些客房优惠活动,连续住宿越多,就能够享受到更多的价格优惠等。

(3)一地成团,主要是指根据组团社所提供的浏览项目和具体路线,游客在指定的地点和时间,汇集成团队进行旅游,游客需要自行支付汇集之前的费用。

(4)小包价团,指的是游客预付部分旅费,由组团社提供四项基本服务和选择性旅游项目。订房、接送、早餐、交通票即为四项基本服务,选择性浏览项目可以分为"半日游"和"一日游"等。供选择的项目要单列,不计入到综合包价中,游客可以根据自身实际来进行处理。

(5)零星委托,主要是针对个人旅游者所提供的单项服务,如代订客房、接送、交通票、文娱节目等。由于这种零星委托具有较大的业务量,可以采取预交一定的保证金的补充措施。

二、体育旅游市场分销渠道

(一)市场分销渠道决策

1.分销渠道概述

所谓分销渠道是指将服务或产品从生产者的手中转移到消

费者的过程中,获得这种商品或劳务的所有权或帮助所有权转移的组织和个人。市场分销渠道能够在体育旅游产业中将生产者和消费者连接起来,这对于商品在市场中的流通有着非常重要的作用。详细的说,体育旅游市场中的分销渠道主要包括以下几方面的功能。

（1）传递信息的功能

通过与消费者进行直接接触,零售商能够对消费者的需要进行深入了解,从而将信息反馈给生产者,以对产品生产进行改进。

（2）促销作用

通过对自身途径加以利用,中间商能够更好地传播产品信息,以使消费者的需求得到刺激。在现代社会中,人与人之间的沟通变得越来越便捷,这也使得人际传播的作用得到强化。微商正是在人际传播的基础上发展起来的。

（3）实体分配

分销渠道能够保证及时交货,以便将产品及时送达消费者。

（4）库存管理

生产者在库存方面的增多会造成其成本的增加,通过充分发挥分销渠道的库存管理功能能够使这一问题得到有效解决。

2.分销渠道决策的内容

企业因根据自身的实际情况来选择合适的分销渠道,这就需要进行合理的分销渠道决策。设计一个比较好的分销渠道,要面临以下几个决策。

（1）确定渠道的长度

渠道有长短之别,长渠道需要产品经过多层环节才能到达消费者手中,其所包含的环节主要有制造商—代理商—批发商—零售商—消费者;短渠道则不需要经过太多的环节,甚至能够从生产者直接到消费者。

在进行分销渠道决策时,应根据产品的特点来进行选择。如果该体育产品购买量比较大、消费者众多,并且在地理位置上比较接近,那么便可以采用短渠道的方式进行;反之,则需要采用长渠道。如果具有较强的实力,并且推销力量已达到一定的规模,那么就可以不使用或少使用中间商;如果企业具有相对较小的规模,推销力量也比价薄弱,那么就应尽可能使用较多的中间商。

(2)确定渠道的宽度

按照分销渠道每个渠道层次使用中间商的多少进行划分,可将分销渠道分为独家分销、选择性分销和密集型分销三类。可根据企业的战略来选择渠道的宽度。

①独家分销

所谓独家分销是指在一个地区设置一个中间商,这个中间商享有本地区所有的该产品的销售权利。这种销售策略具有很强的排他性,在一些品牌质量好、价格较高的产品种较常采用这一策略。通过这一分销渠道能够使中间商与生产者之间构建比较稳定的、密切的关系,能够使相应的营销策略和营销活动得到更好的执行。由于这种策略使得生产者与中间商建立了非常密切的联系,如果一旦出现风险,那么就很容易导致两者都受到较大的影响。

②选择性分销

选择性分销相对较为适中,可选择适当的中间商来进行销售,精选几家有一定销售实力的中间商来销售体育产品。通过采用这一策略能够在市场中占据一定的覆盖面,以便更好地占据市场。这一策略相对较为集中,被很多企业所采用。

③密集分销

密集分销是指在同一层次的分销渠道中,对分销商进行大量的使用,以使产品能够快速地销售出去。通过采用这种分销策略能够使产品占据更为广泛的市场占有率,从而使消费者能够更加容易地接触到产品。但是,这一分销策略不太容易控制,这就导致了中间商管理的松懈。

（3）选择渠道成员

生产者选择中间商一般要考虑以下条件。

①中间商以往的经营历史和经营经验,过去的销售业绩以及利润率等。

②中间商的经营范围和经营目标,其服务对象,是否与企业的目标市场保持一致。

③中间商所处的地理位置,零售商要处在消费者流量较大的地方,批发商需要具备较好的运输和存储能力。

④中间商所具有的信誉、规模、经营实力、资金状况和诚信度等。

⑤对本产品,中间商所具有的知识、经验与技术,需要具备较强的售前、售中和售后服务的能力。

⑥中间商的市场渗透能力和市场覆盖面的大小。

（4）激励渠道成员

需要采用相应的激烈措施,以促使渠道成员的积极性得到激发,使其能够更好地完成销售任务。通常来说,常采用的激励措施主要有以下几种。

①针对中间商,提供相应的培训服务。

②配合中间商进行相应的广告宣传,并从中承担部分广告费用,同时也为中间商开展其他促销活动提供支持。

③将适当的利润留给中间商,以使中间商更加有利可图,此外也可以提高其独家经销权和有价值的特许地位。

④与中间商尽量保持信息传递的连续性,增加相互之间的沟通。

⑤向中间商提供适销、对路的优质体育产品。

⑥在必要的前提下,向中间商提供相应的资金支持,或者允许其延期付款。

⑦组织中间商进行推销竞赛,并给予获得显著成果者相应的奖励。

⑧向中间商提供相应的技术援助、产品服务和准确的信息等，以使中间商树立起产品信心。

（5）评价渠道成员

评价渠道成员，以保证渠道成员能够获得更多的好处，并将未能达到相应标准的中间商剔除。根据评价的结果，来进行深入分析和诊断，从而为采取相应的修复措施提供相应的依据。

（二）体育旅游市场的渠道营销战略

体育旅游产品的销售渠道主要包括以下几种：市场地点的选择、旅游中间商的选择、市场销售网络的建立以及销售渠道的管理与协调等。体育旅游产品的销售渠道同其他产品的销售渠道相比存在一定的不同之处，体育旅游产品由于生产地点与销售地点都在同一地点，这就使得渠道内的所有权不会发生转移，所转移的也只是旅游区的门票。

体育旅游产品的销售渠道，除了能够帮助景区销售门票之外，还具有以下职能。

（1）对其他潜在的消费者进行寻找。

（2）针对旅游产品的购买进行说服性沟通。

（3）对消费者关于旅游产品的看法进行收集。

（4）就价格和其他条件达成协议。

（5）对旅游中的交通、食宿等任务进行安排。

（6）对与渠道工作相关的全部风险进行承担。

相比来说，体育旅游产品具有比较简单的销售渠道，并且渠道的长度较短，通常为直接分销渠道，即旅游者直接从旅游地购买门票或租用器材，或将门票交由各旅行社代售，形成一层渠道；渠道宽度较宽，可以选择密集分销渠道，对适当的旅行社进行尽可能多的选择，从而使更多的消费者能够对体育旅游景区的信息进行随时随地获取，以方便消费者购买门票。

我国目前的体育旅游产品的销售渠道存在的很多问题，这主要表现在以下两个方面。

（1）销售渠道的形式过于单一，管理方面也是比较松散，缺少有效的激励、监督、鼓励和指导。

（2）无法充分发挥出渠道的职能，只是进行门票的销售，以及为旅游者安排交通和食宿，这使得渠道资源被大量浪费。

以上这些问题的存在说明，体育旅游企业尚未对渠道的重要性形成充分的认识，更不知道如何对其职能进行发挥。

三、体育旅游产品的促销策略

（一）体育旅游企业的营业推广

所谓营业推广是指为了更好地吸引和鼓励人们进行购买，体育旅游企业所采取的除了公共关系、广告、人员推销以外的营销活动，它是一种短期的促销方法，又被称为"销售促进"。其形式主要包括抽奖、赠送、演示推广、展览等。

1. 针对体育旅游消费者的营业推广方式

（1）发放宣传册

通过采用这种形式的宣传，能够使消费者对体育旅游的相关信息有更多的了解。

（2）有奖销售

在营业推广中，有奖销售也是其中的一种较为常见的方式。在消费者购买相应的产品之后，企业给消费者相应的兑换券，在积攒到一定数量之后，可以进行相应的抽奖活动；或在购买达到一定数量的体育旅游产品之后，消费者可以进行现场抽奖活动。

（3）赠品销售

赠品销售，即为在消费者购买相应的产品或服务时，附赠给其相应的小物品，如日历、小玩具、纪念卡、购物袋等，在这些物品中通常会附带一些体育旅游企业的名字、口号和电话等，既能够达到一定的宣传效果,同时也能够刺激消费者的购买欲望。

（4）价格折扣

在体育旅游产品促销中,价格折扣也是一种较为常用的手段,这种手段是指,当消费者一次性购买的指定产品数量达到一定要求以后,能够从价格方面给予消费者一定的价格折扣。例如,北京登山协会通过与一些景区联合发行登山车票,通过购买年票就能够随时参观年票中所包含的各个景区,价格要比单独购买门票便宜很多。除此之外,对与企业业务关系密切的长期顾客和不经旅游中间商的团体旅游者,也可实行价格折扣。

（5）展销

在营业推广中,展销也是其中一种非常中重要的方式。这里所说的展销主要是指企业单独或联合举办相应的展销会,来对体育旅游产品进行宣传,从而提高销售的机会。

（6）服务促销

服务促销是指根据整体的旅游产品概念,向旅游者提供系统销售。

2. 针对旅游中间商的营业推广方式

（1）经营指导

针对负责销售本企业旅游产品的中间商,提供相应的人员培训和业务指导,并向其提供相应的产品信息和资料,以使其能够获得多的利益。

（2）同业优惠

中间商企业的业务旅行,各个旅游企业可以实行优惠价格甚至免费,以更好地激励他们多经销本企业的产品。

（3）现金折扣

在现代市场活动中,企业为鼓励旅游中间商现金支付或预期付款,而给予一定比例的价格折扣,以加速资金的周转。

（4）批量折扣

所谓批量折扣是指针对经销不同数量的旅游产品的旅游中间商实行不同比例的价格折扣。

（5）经销竞赛

对于所有的经销商,组织开展相应的竞争活动,并对那些销量大的经销商给予一定的奖励。

（6）经销津贴

通过给予中间商一定的支持费用,使其销售本企业的产品,以增加经销商,扩大市场。

（二）体育旅游企业的公共关系

1. 新闻传播

体育经营组织的公关部门通过对报纸、杂志、广播、电视等传播媒介加以充分利用,采用撰写新闻稿、报告、召开新闻发布会等形式,将企业及其产品的相关信息向社会各界进行传播,以营造更为有利的社会舆论环境。通过利用上述媒体来进行文章报道,有着较高的可信度,并且费用花费相对较低。体育经营组织的公共关系人员根据社会公众和新闻界所关注的焦点和兴趣,来对有新闻价值的活动和事件进行有计划、主动的安排和组织,从而获得新闻媒介争相报道的机会,也就是说制造出新闻,从而引起社会大众的关注,提高本企业的知名度。但是,需要注意的是,"制造新闻"应注重新闻的真实性,否则会带来负面影响。

2. 公关宣传

公关宣传的主要功能是对体育经营组织的整体形象进行宣传,促使体育经营组织提高声誉,对社会公众的观念意识进行培育,以更好地争取公众的信任。就目前来说,公益宣传是体育经营组织采用较多的方式,这对树立体育经营组织的形象能够起到积极作用。在当今盛行的网络时代,微信和微博公众账号推广成为企业最为常用的公关宣传手段。通过这种社会媒体的传播,能够使企业与受众之间进行良好的互动,提高人们的参与程度,以使人们获得最为真实的感受。现代社会,微信、微博的公关宣传已被大部分企业所采用,这在一定程度上造成了人们选择的困难,只有在微信和微博的内容方面进行创新,才能更好地与人们建立起可持续的关系。

3. 社会公益活动

社会公益活动也是一种重要的公共关系手段,在创造相应的社会效益的同时,也能够创造相应的经济效益。目前,这一手段也为很多企业采用。

所谓社会公益活动是指,通过对社会事业(教育事业、文化事业、卫生事业、体育事业等)进行赞助,来对社会慈善事业进行支持,并参与目标市场的重大社会活动,组织开展相关专题活动等形式,来对体育经营组织的社会形象进行树立。这些捐助活动的影响比较大,能够受到广泛的社会注意和好评,提高体育经营组织的社会知名度和声誉。通过公益活动能够使多方获得益处,受到越来越多人的推崇。需要注意的是,在对相应公益活动开展的过程中,要注意对资金进行透明利用,在必要的情况下进行账目公开,以获得大众的信任。

(三)体育旅游产品的广告推广

广告可以通俗地理解为"广而告之",即通过各种形式的媒体向公众传递信息的宣传手段。通过进行相应的广告活动,能够增加人们对于产品的了解、改善人们对于产品的态度,从而使得广告主最终受益。在当下自媒体流行的时代,网络广告和手机广告非常多见,人们在潜移默化的过程中受到广告的影响。同公共关系相比,广告活动存在一定的区别:公共关系是为了能够使别人产生好感而树立良好的整体形象,其信息必须是客观的、真实的；广告则是为了使人们的购买欲望得到激发，进一步扩大销售服务。公共关系所产生的效果是不可测量的，处于战略性地位，更加注重整体效益；而广告活动则是有着比较明显的效果，往往是局部的。

1. 针对旅游产品的广告定位

在开展相应的广告活动时，应根据体育旅游产品的特点进行科学的广告定位，在广告中突出产品的诉求。常采用的广告定位策略有如下几种。

（1）功效定位，提出体育旅游产品的特殊价值和功能，吸引消费者参与其中。

（2）档次定位，在广告中宣传旅游产品属于高、中、低档产品的哪一种类型。

（3）品质定位，突出产品和服务的质量，这也是较为常用的一种广告定位手段。

（4）价格定位，当存在较多的竞争者时，可采用突出廉价的策略来吸引消费者。

2. 针对体育旅游消费者的广告定位

这里所说的针对体育旅游消费者的广告定位主要是指在对市场进行细分并选定目标市场的前提下，旅游企业根据某一旅游产品是针对哪类目标消费群体生产的以及购买本旅游产品的是哪一类旅游者等一系列内容进行广告宣传。

在设计和策划广告的过程中，为了使广告定位的效果得到保证，需要对以下要求和原则进行考虑。

要达到符合需要、引起注意、产生联想、容易理解、便于记忆、敦促购买的设计要求，体现合法性、创造性、真实性、简明性、针对性、艺术性的设计原则。广告是将产品的相关信息通过传播媒体传递给潜在的旅游者。

在开展广告推广的过程中，要对现代传播工具加以重视和运用。现代社会具有"定制化"趋向,在大数据技术下,网络可根据人们的喜好来进行广告的显示,从而使得广告受众更加具有针对性,这无疑提高了广告的效果。人们倡导立体化广告传播策略,通过网络、电视、地铁广告、广告牌等多种媒体来对同样的信息进行整合显示,以使消费者能够有一个深刻的印象,这也会更为深刻地影响地域消费者的购买行为。

第六章　我国体育旅游产业集群理论体系

　　体育旅游产业集群研究是从产业集群的角度对体育旅游现象进行的一种研究。目前,虽然体育旅游产业集群现象广泛存在,并且在不断发展,但是,很少有从理论方面对体育旅游产业集群展开的研究,这与体育旅游产业集群日益发展的实际是不相符的。总结体育旅游产业集群的实践经验,对体育旅游产业集群进行理论方面的研究,不仅能够进一步促进体育旅游产业集群的实践发展,促进体育旅游产业集群基本理论的不断丰富,还能够为政府科学制定体育旅游产业发展政策提供重要的依据。本章主要就我国体育旅游产业的集群化发展进行研究,主要研究内容有体育旅游产业集群理论、体育旅游产业集群的形成与识别、体育旅游产业集群的构建、体育旅游产业集群 GEMS 模型的确立与构建。

第一节　体育旅游产业集群理论研究

一、产业集群及体育旅游产业集群的概念

（一）产业集群的概念

　　大量联系密切的企业以及相关支撑机构在一定的地域范围内的集聚和集中就是所谓的产业集群。集聚在一起的产业或者是生产同类产品的,或者是具有直接上下游产业关联的企业,或

者是存在着其他方面的密切联系。

（二）体育旅游产业集群的概念

在一定地域空间内聚集的体育旅游企业及旅游相关企业和部门,为了实现共同的目标,建立联系,协同工作的一种产业组织形式就是所谓的体育旅游产业集群。体育旅游核心行业、旅游相关行业、服务机构和支撑机构等是体育旅游业集群的主要组成部分(图 6-1),这些行业与机构之间存在着非常密切的联系。

体育旅游核心行业主要包括体育旅游核心吸引物、体育旅游餐饮业、住宿业、代理和销售业、旅游用品和纪念品销售业等,这些行业直接为体育旅游者提供基本服务。

金融、交通、通讯、保险、政府管理部门、行业协会、大学院校等是体育旅游产业集群的支撑和服务机构,这些部门的主要作用是支撑与保障体育产业集群的发展。

体育旅游相关行业指的是体育设施、装备的供应商和维修商、体育旅游策划和咨询商、旅游广告和咨询媒体、清洁公司等。

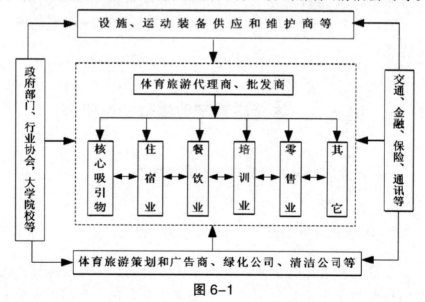

图 6-1

二、体育旅游产业集群的特点

当前,国家大力扶持体育旅游产业的发展,在政府的支持与引导下,我国各大城市体育旅游产业的集聚趋势日渐凸显,且产业集群规模也在不断拓展。体育旅游产业集群是产业集群的一种具体形式,因而产业集群的特征在体育旅游产业集群中也能体现出来。下面具体分析体育旅游产业集群的特点。

(一)空间集聚性

任何一种产业集群都具备空间集聚性的特征,这是产业集群在空间上的共性特征,体育旅游产业集群自然也不例外。我国体育旅游产业集群之地都存在着体育旅游相关企业和服务机构的集群现象。在体育旅游发展中,环城游憩带、主题公园、著名旅游景点及旅游度假区等地的集群现象表现得尤为突出。以中观体育旅游产业集群为例,许多联系密切的行业、部门及机构集聚在同一个地理区域范围内,共同为相似的消费者提供服务。这些行业、部门之间既有横向的联系,也有纵向的联系,而体育旅游资源是其建立联系的核心要素。

(二)功能互补性

一个集群的成员联结在一起后,会产生巨大的力量,这一力量远远要大于各成员的力量之和。例如,在体育观光旅游产业集群中,不只是景观引人入胜的程度会影响旅游者的旅游质量,周围旅馆、餐馆、商店和交通等互补性商业活动也会对旅游者的旅游质量和效率造成影响。因为产业集群内每个成员之间都紧密联系,互相依赖,其中某一个成员的服务质量都会影响其他成员的服务效果。集群中成员之间以多种形式相互依赖,最主要的形式有以下两种。

（1）集群中每个成员提供的产品在满足顾客的需求方面相互补充，这是最明显的一种互补形式。

（2）企业之间的相互协调能够使集群的集体生产能力不断提高与完善。

（三）经济外部性

在经济方面存在密切联系的体育旅游企业及其支持系统在空间上集聚在一起，从而使集群经济得以形成。各种相关的经济活动集中在一起必然会带来良好的效益，这也是集群经济得以形成的根源。体育旅游产业集群内的企业所独享的范围经济、规模经济和外部经济是集群经济的主要表现形式。深圳华侨城控股公司对迪斯尼乐园以往的案例研究表明，主题公园的集聚能够促进主题公园的市场认知度的不断提升，可以激发消费者对主题公园或者相关产品的需求，能够为各个级别的主题公园创造良好的契机，使其满足不同层次的市场需求。

（四）部门专业性

体育旅游业是一个整体系统，该系统中的各个部门、行业相互联系，相互作用，合理分工，相互协作，共同形成一个整合体。从微观体育旅游产业集群的视角来看，在旅游产品的整个生产过程中，每个企业只从事其中一个环节的专业化生产，或只是对旅游产品或服务的其中一部分进行提供。例如，餐饮业、旅行社、交通运输业、旅游商店、旅店都只是向消费者提供吃、住、行、游、购等某一方面的服务。每个行业和部门的专业化程度都会从很大程度上影响体育旅游产业集群的发展。

（五）环境共享性

体育旅游产业集群中的相关企业、部门或机构都是在共同的社会环境、经济环境和文化环境中生存的。在一定的地域范围内，体育旅游产业或企业高度集中,对大量的服务供应商和专业人才产生吸引力,从而使供应商与人才集聚在此,发挥自己的价值。在产业集聚下,使用专业性辅助性服务和信用机制的交易成本会有所降低,而且专业人才的流动有利于为体育旅游产业集群的发展与创新提供一个良好的环境。同时,大量的体育旅游产品经过整合集中在特定区域中,有利于体育旅游目的地影响力的迅速提升,有利于对适合体育旅游产业集群发展的优良环境进行营造,从而能够促进体育旅游目的地区域竞争力的提升和区域体育旅游品牌的形成。

三、体育旅游产业集群的层次结构

旅游产业具有明显的层次结构特征,体育旅游产业作为旅游产业的重要组成部分,自然也具有该特征,而且二者的层次结构具有一致性。下面通过分析旅游产业的层次结构来认识体育旅游产业的层次结构。

旅游产业是由众多行业构成的产业群体,其同时涵盖了第一、二、三产业的范畴。构成旅游产业这一整体系统的各个行业在该系统中占据着不同的地位,发挥着不同的作用,而且发展的先后顺序也不同,因此不同的行业在该系统中分布在不同的层次。旅游产业的层次结构图如图6-2所示。

首先,整体而言,旅游产业系统内部由两个大层次构成。第一个是旅游业,处于上面一个层次;第二个是为旅游业提供软硬件服务与支撑(物质、文化、信息、人力、智力、管理等服务)的行业,处于下面一个层次。

其次,旅游业内部又包括两个小的层次。第一个是旅游产业的核心行业——游览娱乐业(旅游资源开发经营业),处于上面一个层次。第二个是旅游产业的支柱产业,即旅游饭店业、旅游交通运输业、旅行社业和旅游购品业,处于下面一个层次。

体育旅游产业的层次结构与旅游产业集群的层析结构具体

相似性,体育旅游产业同样由两个大的层次构成,即处于上面一个层次的体育旅游业和处于下面一个层次的体育旅游服务与支撑行业。其中体育旅游业也包含两个小的层次,即作为核心行业且处于上面层次的体育游览娱乐业和处于下面层次的体育旅游支柱产业,包括体育旅游饭店业、交通运输业、旅行社和体育旅游商品业。

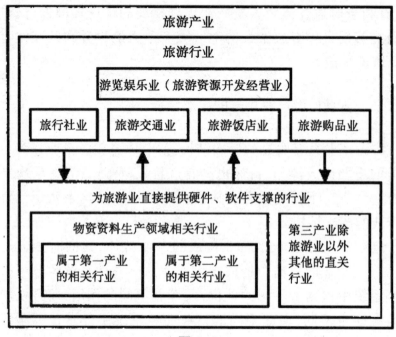

图 6-2

四、体育旅游产业集群的作用

体育旅游产业集群是区域体育旅游发展的一项重要战略,实施该战略,有利于区域体育旅游内聚力的提升和区际旅游和谐共生。下面就体育旅游产业集群的具体作用进行分析。

(一)促进后发区域体育旅游产业的跨越式发展

我国著名学者徐康宁在研究我国产业集群现象后得出这样

一条结论,产业集群特征比较突出的地区大都是经济开放程度较高的区域,产业集群现象不明显的地区大都是经济相对封闭和落后的区域。在我国,后发区域的旅游资源一般都比较丰富,但因为缺乏生产要素,相关支持性产业发展水平较低,市场需求量少,因此并没有形成大规模的产业集群现象。

对体育旅游产业集群的发展战略大力加以实施,对体育旅游产业的市场微观基础进行培育,对生产要素进行开发,加强后发区域产业之间的协作力度,能够使后发区域体育旅游产业的跨越式发展成为现实。我国后发区域体育旅游产业集群发展较好的当属云南省体育旅游产业。

（二）促进优势区域体育旅游产业核心竞争力的提升

一些区域体育旅游资源丰富,市场较为完善,具有发展体育旅游产业的优势,因而体育旅游产业也取得了良好的发展,这些区域的体育旅游产业发展到一定程度后,积累了丰富的经验,具备了良好的基础条件,这时就可以向集群化的方向发展了,集群化发展有利于进一步提高该地区体育旅游产业的发展水平。但是,目前来看,我国一些地区虽然体育旅游产业发展良好,但没有实施集群化发展的战略,所以产业核心竞争力还是不够强大。这不但难以提升区域旅游产业内聚力,而且区际旅游产业和谐共生的局面也很难形成。

要促进优势区域体育旅游产业核心竞争力的提升,必须走产业集群化之路,必须对产业集群发展的战略加以实施。上海市借助上海世博会的契机来推动本地体育旅游产业集群的发展,提升本区域体育旅游产业的核心竞争力,取得了良好的发展成果。

第二节　体育旅游产业集群的形成与识别

一、体育旅游产业集群的形成

（一）体育旅游产业集群的形成因素

1. 产品特征

有关学者从产品特征角度提出，体育旅游产业集群产品具有较长的供应链，并且存在技术可分性是体育旅游产业集群得以形成的一个必要条件，只有具备这一条件，才能促进中间产品市场的形成与发展，才能降低企业进入壁垒，也才能扩大体育旅游产业集聚规模。

2. 政府主导

体育旅游产业集群的形成与发展离不开政府的参与，政府在这一过程中发挥着非常重要的作用。西方发达国家体育旅游产业集群之所以取得了良好的发展，主要原因之一就是政府制定了行之有效的政策。我国体育旅游产业集群的发展还处于初步阶段，因此更离不开政府的扶持与引导。政府主导是体育旅游产业集群形成与发展的重要力量。

3. 区域优势

某一区域的自然条件、社会条件为特定产业的发展所带来的与其他区域相比的优势就是所谓的区域优势，如地理优势、人力资源优势、技术资源优势、体育资源优势、消费需求规模优势等，区域本身的特性决定了区域优势的形成。[1]在自然资源丰富或存

---

❶　徐林. 山东半岛蓝色经济区休闲体育产业集群发展研究 [D]. 哈尔滨工业大学，2013.

在其他优势的区域内,体育旅游企业为追求规模经济和范围经济而大量集聚,因而形成了体育旅游产业集群。从这就能够看出,区域优势是影响体育旅游产业集群形成的一个关键因素,体育旅游产业集群的形成与发展高度依赖区域优势。

4.人文环境

文化是经过了历史长期积累而形成的,一个地区的文化会对本区域某些特定产业集群的形成与发展产生一定的影响。文化是促使区域共同体内所有成员在思想、行动上保持一致的重要精神力量,它排斥所有与其本质相违背的东西,某一地区内人们的思维方式、生活方式、社会习俗,以及政治、经济、法律等制度化规则都能够体现这一地区的文化特征。有关学者曾指出,或许是因为历史上存在某种偶然事件,所以才使得某种国际分工得以形成,这种偶然事件之所以可以在本地不断延续,主要是因为人文因素的作用,这种人文因素也是现代产业集群形成的重要人文基础。

(二)体育旅游产业集群形成过程中行为主体的功能表现

1.企业的功能

从本质上来说,体育旅游产业集群的形成就是体育旅游企业不断追求外部规模经济和外部范围经济的结果。企业在空间上的集聚直接关系着外部范围经济与外部规模经济的实现。体育旅游企业受自身实力的限制,要获取内部规模经济和内部范围经济比较困难,因此开始不断追逐外部规模经济和外部范围经济,这就决定了其必须在产业链中与别的企业分工协作,促进整个体育旅游产业发展规模与产品范围的扩大,从而在这一过程中受益。

体育旅游企业除了追逐外部规模经济与外部范围经济外,还要不断适应随时变化的市场机制,这也是促使体育旅游产业形成集聚的一个基本动力。

2. 政府的功能

政府的政策、行为必然会影响到体育旅游产业集群这一经济现象。

有些体育旅游产业集群是依靠市场自发力量而形成的,对于这类集群,政府主要提供支撑性的服务。政府通过制定相关政策来促进企业发展的软环境的不断完善,对区域内企业间良性竞争与协作的局面进行维护。政府对良好的投融资环境进行构建,对相关法律法规不断健全,从而吸引大量的资源集聚在该区域,为更多企业入驻提供良好的条件。此外,政府还对体育旅游产业发展的硬环境进行大力建设和改造,为企业的经营管理提供各种便利条件,减少集群在发展过程中的障碍。

有些体育旅游产业集群属于政府主导型的集群,对于这类集群,政府所发挥的功能更加明显。从这类集群形成之初,政府就开始发挥自身的作用了,可以说政府意志已经渗透到了该类集群发展的整个过程中。

3. 中介组织的功能

行业协会、商会、专业性服务机构等是常见的中介组织。中介组织就是促进市场经济顺利运行的润滑剂,是体育旅游产业集群形成与发展的支持系统。中介组织不断对市场信息进行收集,为成员企业与外界的沟通提供便利,并促进企业间的交易费用的减少和地区知名度的提升,从而吸引大量企业入驻。

中介组织对企业的利益加以维护,促进企业与政府之间沟通与交流的不断加强,尽可能向政府争取有利于企业发展的优惠政策。中介组织同时还对行业标准和规范进行了制定,以对企业间的正当竞争与协作进行维护。专业化的服务机构还会向企业提供信用担保、市场咨询、法规咨询等服务,以此来促进企业的快速发展,维护企业的合法利益。

二、体育旅游产业集群的识别

国内外依据不同的理论基础、采取不同的方法来识别体育旅游产业集群,主要有以下几种识别方法。

(一)自上而下识别和自下而上识别

以研究角度的不同为依据,我们可以将识别体育旅游产业群的途径分为两种,即自上而下和自下而上,自上而下的识别方法主要是指产业法,自下而上的识别方法主要是指区位法。

(二)宏观识别、中观识别及微观识别

以研究目的不同为依据,我们可以从三个层面对体育旅游产业集群进行识别,即宏观、中观和微观。这三个层面关注的重点各不相同。

(1)如果是进行宏观层面的识别,即以整体经济为视角,重点对体育旅游产业群体关系和国家区域经济的专业化模式进行分析与研究。

(2)如果是进行中观层面的识别,则重点对体育旅游产业集群内部行业间的联系进行分析,并对创新需求进行探索。

(3)如果是进行微观层面的识别,则主要是对核心企业与周围专业化供应商之间的联系进行分析,并对企业发展策略、合作创新项目的发展进行探究。

(三)定性研究与定量研究

以研究性质的不同为依据,可以从定性研究和定量研究两方面来识别体育旅游产业集群。

1. 定性研究

定性研究指的是以研究者的理论基础、认识和经验为依据,

对研究对象是否具有某种性质、某种变化规律或某种因果联系而进行判断。通过定性研究来对体育旅游产业集群进行识别主要是通过辨别产业集群的特征；分析集群内企业数、就业数、企业密度等指标而实现的。例如，有关学者提出，产业集群的形成与存在必须满足三个条件。

第一，存在一组地理空间位置接近、在特定领域专业化的企业，这是最基本的条件。

第二，中小企业是主要构成者，或者说中小企业的数量要多于大型企业。

第三，核心产业必须和反映本地产业结构的相关产业密切相关。

只有同时具备这三个方面的条件，产业集群才能形成，也才具有存在的可能性。

2. 定量研究

定量研究指的是通过对数学方法（计量经济模型、随机抽样等）的采用来对研究对象进行量化分析及验证。波特案例分析法、区位商法、图论分析法、多元聚类分析法、投入产出分析法等都是典型的定量研究方法。

定性研究中，主观推断占很大的成分，因而主观因素会对研究结果产生较大的影响。在定量研究中，一般都会提前限定一些前提条件，比如进行数理建模，这很容易影响研究的顺利进行。

3. 定性研究与定量研究的结合

鉴于定性研究与定量研究各有利弊，我们应该以研究目的和研究需要为依据，将二者结合起来加以运用，从而提高分析与研究的科学性与准确性。

在对体育旅游产业集群进行识别的过程中，不仅要注重进行定量研究，同时也应采用定性分析的方法，之所以要结合这两种方法，主要有两方面的原因。第一，我国的统计基础比较薄弱，很难准确获取统计数据，因此也很难展开实证；第二，体育旅游产业集群的集群效应还不是非常明显,关联机制还未完全建立,因此只进行定量统计难以准确识别产业集群,必须结合定性分析的方法。

第三节　体育旅游产业集群的构建

一、构建体育旅游产业集群的可行性分析

（一）体育旅游产业驱动要素的跃升

以往我国在开发体育旅游市场,发展体育旅游业时,主要以自然体育旅游资源和人文体育旅游资源等硬要素为基础条件。但是,从体育旅游产业发展的驱动要素来看,当前体育旅游产业的发展已经迈向了新的阶段,即以软要素为主导(图6-3)。有关人员对旅游业竞争力的影响因素进行了调查,调查结果显示,在影响旅游业竞争力的要素中,有60%以上都是软要素。可见,旅游产业由软要素主导的时代已经来临,而且这一趋势还会继续出现在未来的一段时间内。

我国体育旅游资源种类多样,而且具有鲜明的特色,然而因为软要素的不足导致大量的体育旅游资源没能得到充分的开发或完全没有被开发。目前,我国在发展体育旅游产业的过程中,缺少高水平的开发策划,在体育旅游策划的相关研究中,只是将国外理论引入其中而进行模糊的分析,且分析不够系统也不够深入,有成功案例支撑的理论更是很少。我国体育旅游产业的开发策划大都属于经验式的策划,很少在遵循技术性规范的基础上进行策划。有关学者在对我国体育旅游开发的问题进行研究时,几乎都会强调体育旅游产业的发展离不开对体育旅游专业人才的培养。从这一点就可以看出,体育旅游产业在未来的发展中必将更加重视软要素的开发与利用,如制度、环境、人力资源等,这是

一种新的发展思维,也是一种新的发展趋势,体育旅游产业集群化正是集中体现这一发展思维与发展趋势的重要战略。我国体育旅游产业的发展从硬要素驱动转变为软要素驱动的趋势是势不可挡的。

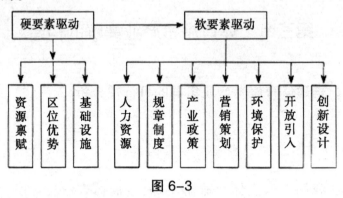

图 6-3

(二)体育旅游需求的多样化

从当前我国体育旅游产业发展的现状来看,体育旅游产品主要是一些简单的产品,这些产品是为了使体育旅游者的赛事观赏需求与活动参与需求得到满足而开发的。托夫勒(未来学家,美国)认为,人类经济的发展会经历产品经济、服务经济和体验经济三个时期。21世纪,人类迎来了经济发展的第三个时期,即体验经济时期,因此也说现在是体验经济时代。随着社会经济的不断发展,消费者的消费观念、消费方式、消费需求结构、消费内容等都发生了显著的变化。这在体育旅游方面表现得也很明显。体育旅游集健身、休闲、娱乐、交际等多种功能于一身,不同的体育旅游消费者基于多方面的动机而参与体育旅游消费,而且在消费过程中也会出现不同的内心感受,体育旅游消费具有多方向、宽领域、深层次等特征。人们参与体育旅游活动,不再仅仅为了健身和娱乐,更希望能够尝试一些新鲜、刺激的东西,能够在自己的人生中有一段独特和印象深刻的经历。可见,体育旅游消费者的消费观与消费方式已发生了深刻的变化。

我们发展体育旅游产业,应准确把握消费者的消费观及消费习惯,要对体育旅游消费需求结构、消费内容、消费形式等方面的变化有清晰的认识,从而为体育旅游者提供情感、求知、教育、审美、探险等各种体验式服务。体育旅游企业应针对消费者的个性需求提供个性化产品和服务,而这需要以"一对一服务"甚至"多对一服务"为基础,仅仅提供简单的大众化的产品来满足消费者的体育赛事观赏需求与体育活动参与需求是达不到个性化服务标准的。体育旅游消费者各方面需求的提升要求我国必须以集群化发展战略来推动体育旅游产业的发展,只有这样,体育旅游企业才能提供与消费者需求更相符的产品和服务,其核心竞争能力也才能进一步提高。而只有满足了消费者的多元需求,提高产业的核心竞争力,才能实现体育旅游产业的健康与可持续发展。

二、体育旅游产业集群构建的战略途径

(一)促进体育旅游产业集群的竞争力的全面提升

我们采取集群化的发展战略来发展体育旅游产业,主要就是为了不断提升体育旅游产业的竞争力,培养和提高体育旅游产业集群的竞争力是体育旅游产业集群发展的核心。生产要素、需求状况、相关和辅助产业状况、企业的竞争条件是影响体育旅游产业集群竞争力的四个基本要素,这几个要素对体育旅游产业集群竞争力水平具有决定性作用。政府和机遇是影响体育旅游产业集群竞争力水平的两个辅助要素。这 6 个要素也是产业集群模型理论中"钻石模型"所提出了影响产业竞争优势的因素,我们需要从这六方面的因素着手来构建在国际上具有影响力和竞争力的体育旅游产业集群,具体策略如下。

1. 生产要素方面

将东西部自然体育旅游资源及人文体育旅游资源的优势充分利用起来,大力推动产品升级,在开发观光型、参与型体育旅游

产品的同时,加大力度对体验型、度假型产品与服务进行开发。同时要对体育旅游人才展开积极的培育,将民营资本引入产业发展中,拓展融资渠道,推动体育旅游产业集群的发展。

2. 需求状况方面

对国内外市场需求状况、市场竞争形式与主要竞争对手的实力予以充分的考虑,在此基础上对民族体育旅游产品、国际新兴体育旅游产品进行大力开发,促进具有中国特色的体育旅游产品集群的形成。

3. 相关产业与辅助产业方面

加强产业之间的协同合作,促进餐饮、住宿、交通运输等相关产业的进一步发展,科学规划体育旅游辅助配套产业(体育竞赛表演业、体育旅游媒介业、体育旅游用品业等)的发展,重点进行整合开发,增加联动效益。

4. 企业的竞争条件方面

要想使体育旅游相关企业具备更好的竞争条件,就要对生产效率、企业规模、劳动成本、管理能力、运作方式、竞争战略等因素予以充分的考虑,重点加强产业联动,对整体的产业网络体系进行构建,扩大经营规模。开发高水平的人力资源,在技术管理方面积极加以创新。

5. 政府方面

政府在推动体育旅游产业集群的形成与发展方面发挥着重要的作用,政府应着眼于集群化发展这一战略,制定相关的扶持政策,大力开展基础设施建设,倡导保护生态环境,对大众体育旅游消费给予积极合理的引导。

6. 机遇方面

世博会、奥运会、亚运会等重大活动的开展为体育旅游产业的发展提供了良好的机遇,我们应及时抓住这些机遇,并结合国家积极兴办 16 个体育圈的现实机遇来发展体育旅游产业,创建良好的产业集群氛围。

（二）走市场主导、政府调控的发展之路

社会主义市场经济体制是体育旅游产业集群的核心体制基础,体育旅游产业集群是依托市场诱发型路径而形成的,因此其更有利于合理配置资源,也有利于对各个市场主体的积极性进行调动。然而,现阶段我国经济正处于转轨时期,我们发展体育旅游产业集群必须对这一特有国情进行考虑。当前,我国的微观市场基础还不够完善,市场监管权力也比较分散,现有的监督协调机制还存在一些问题,个别企业往往存在着投机的想法,这就容易破坏市场竞争秩序,因而导致产业集群面临逆转与消亡的威胁,企业的投机行为也会阻碍集群的形成与发展进程。

在经济转轨时期,体育旅游产业集群的形成与发展离不开政府的支持,在这一特殊的时期内,政府有必要采取"强制性制度变迁"的方法来推动体育旅游产业的发展,这与我国的现实是比较相符的。从价值链的角度来看,有机结合同类体育旅游地自己价值链中的核心部分与其他体育旅游地的核心部分,能够有效提高规模经济效益和产业集群效益;而不同类型的体育旅游地可以各自发挥自己的优势,促进完整的产品链和产品群的形成,重新构建旅游要素一体化经营模式和旅游价值链,通过优势互补与资源整合,促进区域整体竞争优势的提升。然而,因为我国体育旅游产业大都以"资源型"产业为主,普遍采用"挖掘式"的方法开发体育旅游资源,采用"同构式"的手段经营旅游产品,因此很多体育旅游地都重点以开发低层次的观光型体育旅游产品为主,且各旅游地开发的产品都比较雷同,此外,一方受益而另一方受损的"零和博弈"现象也普遍存在于旅游地之间。对此,需要重点对区域多重利益主体的"共同远景"进行构建,使区域体育旅游经济函数尽早实现最优化,而这需要借助政府的宏观调控政策,政府通过制定有效的政策来鼓励与引导地区间、行业间的分工与协作,并严格对企业的不法竞争行为和投机行为进行约束与管理,规范市场竞争秩序,为体育旅游产业集群的形成与发展提供一个健康的环境。总之,我国体育旅游产业集群的构建需要走"市场主导、政府调控"之路,即有机结合政府和市场,充分发挥二者的作用。

(三)促进集群中各相关企业的不断壮大

我国体育旅游产业集群出现的时间比较晚,当前还处于起步阶段,集群中的各个要素还不够完备,相关企业(如体育旅游资源的开发或经营商、饭店企业、旅游交通企业、餐饮企业、旅游商品零售企业、基础设施部门、公共服务部门等)的规模还比较小,经营比较分散,提供的产品与服务质量还比较差,还需要采取一系列的措施来完善这些不足。面对这些问题与不足,我们可以对体育旅游产业的集聚化经营进行重点引导,促进规模经济的形成,通过产业价值链的延伸来带动相关企业的发展,并鼓励其他相关企业进入产业集群,对整个区域旅游业之间的分工与协作进行引导,使企业之间保持有序的竞争与协作关系。

构建体育旅游产业集群需要对民间资本进行有效的调动与运用,促进体育旅游产业社会化投资新格局的形成。我们应对体育产业投资机制进行积极改革,将社会资源充分运用到体育旅游产业中,对民营企业经济融资体系进行构建,以政府资金拉动民间资本,充分发挥政府与民间的力量。此外,我们还需对体育旅游经营活动的从业条件和服务规范进行制定,对社会各行业、国内外企事业单位和个人进行鼓励和引导,使其在体育旅游市场开发中积极发挥自己的作用,积极为体育旅游产业而投资。另外,在直接融资领域,应从政策方面减少对体育旅游中小民营企业的限制,中小民营企业虽然规模小,但发展潜力大,我们应支持这些企业的发展,鼓励这些企业通过上市来筹集资金,从而使自身的规模不断壮大,竞争力不断提升。

为了适应市场经济的发展需求,满足消费者的多元需求,体育旅游企业自然集聚在一定的空间内,通过分工与协作来实现共同发展。在这一基础上,政府及行业协会应顺势而为,对各种配套政策进行制定,对企业竞争行为加以规范,促进集群内企业间合作关系的不断巩固与强化,并通过建设基础设施、提供公共服务来促进社会化服务体系的完善,从而为集群的形成与发展创造有利条件,提供有效的支撑与保障。

虽然体育旅游的诸多项目本身属于体育经营活动,然而因为其在表现形式上与旅游地及娱乐业之间存在着明显的交叉,所以没有按照统一的比率来纳税,而且大部分是按照娱乐业税率来纳税的。对此,各级政府部门应对税制进行改革,对税率进行合理制定,以减轻企业负担,促进体育旅游产业的规模化发展和体育旅游产业集群的形成。

（四）对非均衡的发展战略加以采取

我国体育旅游产业集群是在特殊的国情下形成的,这主要表现在制度和社会发展两方面。从制度方面而言,经济和社会的转轨是体育旅游产业集群形成的制度初始条件;从社会发展方面而言,我国是一个"共时态"的发展中国家,即农业社会、工业社会和后工业社会并存,在这一形势下,各个地区的经济发展水平存在着非常明显的差异,总的来说,东部地区最为发达,中西部地区相对较为落后,经济发展的不平衡也会影响各地区体育旅游产业的发展程度。

体育旅游产品属于复合型的产品群体,其既具有公共产品性质,又具有个人产品性质,不同地区体育旅游业的发展程度不同,市场上提供的体育旅游产品的质量与层次也不同,鉴于这一现状,体育旅游产业集群要在全时间内实现全面发展是很难的,体育旅游产业集群的形成、构建与发展需要经历一个循序渐进的过程,需要对非均衡的发展战略进行采用。在实施非均衡战略的过程中,要先发展体育旅游集群中的关健环节,即先发展那些市场需求大、效益好、带动作用强的企业,然后通过关健环节的发展来带动其他环节的发展,从而从整体上全面发展体育旅游产业集群。采用非均衡发展战略还需要进一步细分不同地域和不同消费群体的市场,以发达城市(北京、上海、广州等)为增长极来带动其他地区体育旅游产业的发展,同时将中青年白领阶层等定位为重点消费群体,通过引导重点消费群体的消费行为来刺激一般消费群体的消费动机,进而扩大市场需求,促进体育旅游产业集群的迅速发展。

（五）对适宜的发展模式进行选择

1. 龙头带动型发展模式

就目前来看,我国体育旅游产业集群中的企业规模不大、起点也不高,以民营企业居多,且整个集群内的企业分工不合理,协作不充分,创新能力也不足,再加上产品低水平重复与竞争无序、过度等问题,体育旅游产业集群的未来十分渺茫。为此,有关部门必须对核心领导型企业进行积极扶植和培养,使该企业在体育旅游产业集群内充分发挥自己的带头作用。核心领导型企业具体可以通过以下几方面来发挥自己的带头作用。

（1）与中小企业进行合作

核心领导型企业应与本地中小企业保持密切的联系,加强协作,将本地产业基础优势充分发挥出来,促进完整的产业价值链的形成,从而为本地企业的发展提供市场,使大企业的采购成本得以降低,最终实现双赢。

（2）发挥知名品牌带动作用

核心领导型企业需以知名品牌为纽带来对现有的产业资源进行整合,实施专业化分工与合作的战略,通过参股、并购等形式来吸引中小型企业,并允许配套企业在注入资金后对知名品牌的无形收益进行享用,促进产品附加值的提升,使投入成本不断降低,促进品牌的辐射作用的充分发挥,从而促进产业竞争优势的提升。

（3）积极进行标准化工作

作为一项服务性行业,体育旅游业的服务质量对体育旅游产业集群的发展水平有决定性的影响,因此有关部门必须对相关的服务质量标准和流程体系进行制定,使核心领导型企业在与其他中小企业建立联系的过程中严格按照相关标准与流程来办事,从而促进服务质量的提高。有关标准的制定也有利于加强对企业的规范化管理。

2.区域品牌聚集型发展模式

在我国体育旅游产业发展之初,同类企业之间竞争的焦点在于景点、项目竞争和线路,随着体育旅游产业集群的形成与发展,企业之间已由单独的竞争转变为联合竞争,区域体育旅游经济一体化的趋势在不断加强。在这一条件下,需要相关企业共同创建区域体育旅游品牌,从而满足体育旅游产业集群的发展要求,共同创建品牌也有利于相关企业实现共赢。

第四节 体育旅游产业集群 GEMS 模型的确立与构建

一、体育旅游产业集群的模型研究

（一）钻石模型

世界上第一个从产业角度对竞争力进行研究的学者是迈克尔·波特。在《国家竞争优势》一书中,迈克尔·波特结合一些国家的竞争优势,全面分析了这些国家产业集群的竞争优势,并对不同国家的产业集群竞争优势进行了比较,他指出,美国的广告、高新技术产业等,荷兰的花卉业,英国的保险业,日本的消费电子业,意大利的皮革制品,德国的化工、汽车业等都是在国际上具有强大竞争力的行业。在分析与比较的基础,波特提出了"钻石模型",这一基于国家范围内的竞争力模型重点对如下问题进行解答,在全球竞争中为何一些国家能成功,而一些国家会失败? 在世界上某个特定产业中为何一个国家就可以获得长久的竞争力? 事实上,这一模型就是研究一个国家的政治、经济、社会、法律等是如何对本国的产业竞争力造成影响的。

波特认为,生产率是支配财富的主要要素,一个国家和区域的竞争环境决定了本国或本地区的生产率,一个国家中,企业开发自身竞争力的能力如何,主要受本国经济发展水平的影响。波特指出,生产要素、需求因素、相关与支持产业以及企业战略和组织结构是影响企业竞争优势的四个基本要素,也是核心要素,机遇与政府是影响企业竞争优势的辅助性因素(图6-4)。

机遇会影响企业的竞争优势,但不是决定性的影响,不同的企业面临同样的机遇可能会出现不同的结果,也就是说同一个机遇对不同的企业所产生的影响是不同的,企业对机遇的利用程度和利用效果主要还是由4个基本要素决定的。政府对以上4个基本要素具有引导作用,因此说政府也是影响国家竞争优势的一个辅助因素。

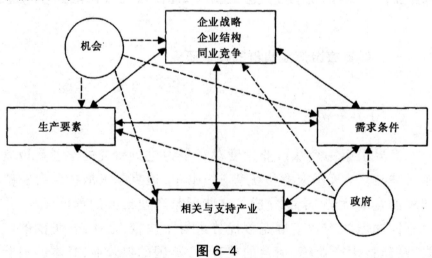

图 6-4

1. 生产要素

国家在特定产业竞争中有关生产方面的表现就是所谓的生产要素,自然资源、人力资源、资本资源、知识资源等都是重要的生产要素。生产要素对一个国家的竞争优势具有决定性的影响,为了更好地分析生产要素的作用,波特又对生产要素进行了划分,以专业化程度为依据将生产要素分为两种类型,即一般型生产要素和专业型生产要素;从级别角度将生产要素分为初级生产要素和高级生产要素两种类型。一些国家在生产要素方面存在着优势,因而产业竞争优势也比较突出,有些国家虽然现有的生产要素不具备优势,但是可以创造出有优势的生产要素,因而也可以提高产业竞争优势,波特认为能够对生产要素进行创造比原本就拥有良好的生存要素更加重要。一个国家只有对专业性生产要素与高级生产要素进行大力创造,才能提高本国的产业竞争优势。

2. 需求条件

影响产业竞争优势的第二个关键要素是国内需求市场。内需市场对规模经济具有很大的影响力,任何产业的发展都需要内需市场,这是基本的动力,这一动力也会对企业的改革与创新产生强大的刺激。波特认为,国内市场的品质对产业竞争优势的影响比国内市场需求产生的影响更重要。

3. 相关及支持产业

相关及支持产业为国家竞争优势提供了一个优势网络,由上而下的扩散流程和相关产业内的提升效应是该网络形成的基本条件。[1] 在不同区域的产业竞争中,哪个区域可以提供更完整的相关与支持产业,哪个区域的产业就更具竞争力。因此,某一产业的相关和支持产业的国际竞争力水平对该产业的国际竞争优势具有巨大的影响。

---

❶ 牛艳云.基于 GEM 模型的旅游产业集群竞争力研究 [D].山东大学,2007.

4.企业战略、结构及同业竞争

不同国家的企业的发展目标,发展策略以及组织方式都存在着明显的差异,企业能否结合自身的竞争优势来确立发展目标,制定发展策略,决定组织方式,直接影响着自身在激烈的市场竞争中能否取胜。

5.政府

波特认为,政府扮演的角色是两面性的,政府和其他要素之间存在着密切的关系。一方面,政府通过各项政策对其他要素产生影响,如补贴政策、教育政策等;另一方面,其他要素也会影响政府政策。进一步强化产业竞争优势的4个决定要素是政府的主要作用。

6.机会

一般来说,机会这一因素与国家环境之间的联系并不明显,企业或国家对这一因素的影响也比较小。一般会对竞争优势产生影响的机会有战争、重大发明、重要科技的发展、外国政府的政治决策、世界金融市场的大幅变动等。及时抓住这些机会并有效加以利用,就会使产业的竞争优势得到明显的提升。

(二)GEM 模型

英国学者 Tim Padmore 和 Hervey Gibson 经过多年的研究,改进了钻石模型,提出了 GEM 模型,这是一种基于区域范围而分析产业集群竞争力的模型。该模型提出,资源;设施;供应商和相关辅助产业;企业的结构、战略和竞争;本地市场;外部市场是影响企业集群竞争力的六大因素,这六大因素被分为三对,分别为因素对 I、因素对 II、因素对 III,可以用一个蛛网图来表示,如图 6-5 所示。

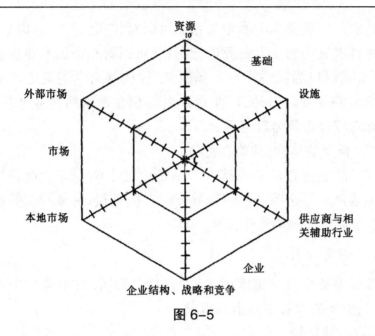

图 6-5

1．"因素对 I"——基础

产业集群外部向集群内部企业的生产过程所提供的资源、设施要素就是基础要素。

（1）资源

这里的资源包括自然资源、历史继承的资源及通过开发而形成的资源，如森林、河流、战略性地理位置、劳动力、技术专利、金融资本等。

（2）设施

这里的设置包括两部分，一部分是硬件设施（港口、道路、管道和通信设施等），另一部分是软件设施，也称"制度安排"（研究机构、行业协会、法规制度、培训系统、货币政策、商业环境、生活环境等）。产业集群内部的企业开展经营活动离不开相关设施的支持。设施建设离不开各级政府机构的支持。

2．"因素对 II"——企业

（1）供应商与相关辅助行业

供应商多样化、低成本、高质量和专业化是产业集群发展的基本要求。产业集群中的相关企业可以对相同的技术加以采用，可以对自由流动的人力资源进行利用，可以对相似的专业设备进行生产，也可以为同一产品市场服务，这些都有利于促进产业集群竞争力的提升。另外，产业集群内部相互关联的企业越多，产业集群的综合竞争力就越强。

（2）企业的结构、战略和竞争

这里的企业指的是直接在产品价值链上的企业。也就是集群内部的企业。这些企业的数量、规模、所有权、财务状况等都会对产业集群的竞争力产生影响。

3."因素对 III"——市场

市场因素也就是需求因素，它包括三种需求，即集群中企业的需求、中间需求和最终市场需求。

（1）本地市场

本地市场可以是一个国家的市场，也可以是一个省或者区域的市场。产业集群的竞争力会受到本地市场规模、份额、前景、标准、质量、需求等因素的影响。

（2）外部市场

省外市场、国际市场等除本地市场之外的更广阔的市场就是外部市场，产业集群在外部市场的竞争力会受到集群与外部市场的距离、集群与该市场的关系、外部市场规模、集群在该市场中所占份额、外部市场的进出口障碍等因素的影响。

（三）两大模型的对比

钻石模型是 GEM 模型的原型，在模型结构、因素内容和因素内涵等方面，这两个模型存在很多相同的地方。但从区域产业集群的角度来看，这两个模型又有不同之处。

1. 描述和评价

钻石模型采用的是定性描述的方法；而 GEM 模型是先采用层次分析的方法对各因素的权重进行确定，然后再采用问卷调查的方法来了解企业对各因素的评价,最后进行定量评分。

2. 结构

钻石模型提出,影响产业竞争优势的因素主要有6个,其中有4个是基本要素,有2个是辅助性的影响因素;GEM模型提出,影响产业竞争优势的因素有3对,共6个。钻石模型提出的因素与GEM模型提出的因素有些是对等的,但并不是完全对等,具体如图6-6所示。

两种模型对政府作用的重要性有不同的看法,这是这两个模型的最大区别。钻石模型认为,虽然政府会影响到一个国家经济的发展,但政府只有与其他4个要素相互作用才能发挥自己的作用,这一影响也才会产生。波特认为,在产业竞争优势的形成过程中,要根据公共政策的表现来判断政府扮演的是正面角色是还是负面角色。所以,只有参照其他关键要素,才能对政府的影响力做出判断。而在GEM模型中,政府与影响产业竞争优势的其他要素的地位是同等的,政府在各方面所发挥的作用直接通过其中的设施要素表现出来,地方政府一般都通过加大基础设施建设力度、制定与实施优惠投资政策来促进本地产业集群竞争力的提升。

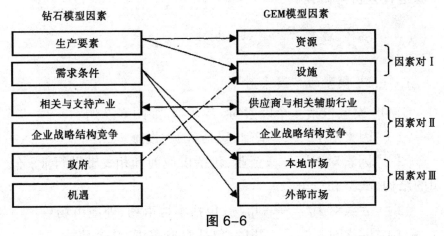

图6-6

3. 范围

(1)应用范围不同

钻石模型是基于国家来对产业竞争优势进行研究的,GEM

模型是基于区域展来研究的,可见二者的应用范围不同。

（2）行业范围不同

钻石模型主要是对一个国家中具有竞争优势的产业进行研究,技术类的生产制造业是重点研究对象。钻石模型的研究范围比较有限,相比而言,GEM 模型的研究领域就比较宽泛了,研究对象也比较丰富,除了对技术类行业进行研究外,还对市场营销、金融行业等非技术类行业进行研究。

二、体育旅游产业集群 GEMS 模型的确立与构建步骤

GEMS 模型是 GEM 模型的拓展。有关学者以 GEM 模型为基础,对此做了相关的改进,从而提出了体育旅游产业集群的新模型——GEMS 模型。GEM 模型有 3 个因素对,GEMS 模型在原来的基础上增加了一个因素对,即"因素对Ⅳ"——环境,主要是指产业集群所处的环境因素,主要包括政府政策和社会环境两个因素。这两个因素对产业集群的发展和竞争力的提升具有重要的影响。下面对体育旅游产业集群 GEMS 模型的确立与构建的步骤进行分析与研究。

（一）GEMS 模型"因素对"构建

1.GEMS 模型的"因素对"

GEMS 模型包括 4 个因素对,共 8 个,如图 6-7 所示。

（1）"因素对 Ⅰ"——基础,包括资源、设施。

（2）"因素对 Ⅱ"——企业,包括供应商和相关辅助行业;公司的结构、战略和竞争。

（3）"因素对 Ⅲ"——市场,包括本地市场、外地市场。

（4）"因素对 Ⅳ"——环境,包括政府政策、社会环境。

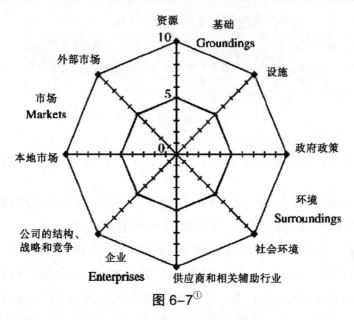

图 6-7[①]

2.GEMS 模型中各要素的作用

GEMS 模型指出,有 8 个因素会决定产业集群的竞争力。其中,产业集群竞争力的核心来源(即影响产业集群竞争力的核心要素)是"因素对 II"中公司的结构、战略和竞争。产业集群竞争力的重要来源(即影响产业集群竞争力的辅助性要素)主要有"因素对 I"中的两个因素、"因素对 II"中供应商和相关辅助行业以及 "因素对 IV"中的两个因素。这些重要来源中,"因素对 I"中的两个因素是产业集群形成的基础,有利于促进集群竞争优势的形成与提升;其他因素对集群的完善和发展、集群竞争力的进一步增强有积极的推动作用。

产业集群的竞争力和竞争优势最终是以"本地市场"和"外地市场"体现出来的,集群的发展离不开这两个市场因素发挥助推性的作用。

总的来说,8 个影响因素与产业集群竞争力的关系如图 6-8 所示。

① 刘国新,闫俊周.评价产业集群竞争力的 GEMS 模型构建研究 [J].科技进步与对策,2010 (02).

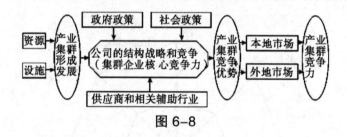

图 6-8

（二）GEMS 模型评价指标的确定及其体系构建

GEMS 模型中提出的 8 个因素对产业集群竞争力的提升都具有重要的影响，但每个因素所发挥的作用和影响力各不相同，这就需要对各个因素设定二级评价指标，并在此基础和是对集群竞争力评价指标体系进行构建。在对评价指标体系进行设计与构建时，需对可行性原则、结构层次原则、完备性原则、指导性原则等相关原则严格加以遵循与贯彻，在选取指标时，需选取具备可测性、关联性、可比性等特征的指标。此外，对体育旅游产业 GEMS 模型评价指标体系的构建还离不开对前人研究成果的借鉴和对体育旅游产业集群的实践调查研究。

有关学者针对 GEMS 模型中的 8 个要素，共设定了 38 个二级评价指标，并在此基础上对 GEMS 模型评价指标体系进行了构建，如图 6-9 所示，竞争力综合评价层在最上层，集群竞争力因素层在中间，指标层在最底层。由图可以看出，该指标体系层次极为分明，具有系统性与科学性。

（三）GEMS 模型的量化

图 6-9 已经标明了 GEMS 模型二级评价指标权重，确定二级指标之后，就要对该模型进行量化了，量化步骤如下。

（1）对 38 个二级评价指标赋值。每个指标赋值的范围为 1～10 分，不同的分值代表不同的意义，具体见表 6-1。

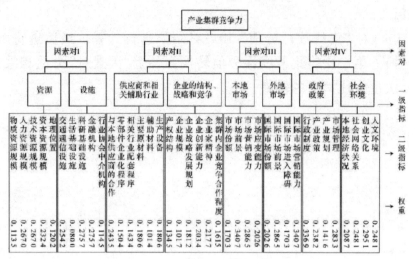

图 6-9[①]

表 6-1　评价指标赋值等级表[②]

分值	意义
10	非常优秀
9	优秀
8	良好
7	不错
6	及格
5	适当及格
4	水平有限
3	水平很有限
2	水平较差
1	很差

（2）分别将8个因素下的二级评价指标所得分数乘以其相应的权重，然后相加，即为8个因素的得分。

（3）进行"因素对"计算和转换，对4个"因素对"分值进行

---

① 刘国新，闫俊周.评价产业集群竞争力的GEMS模型构建研究[J].科技进步与对策，2010（02）.

② 刘国新，闫俊周.评价产业集群竞争力的GEMS模型构建研究[J].科技进步与对策，2010（02）.

计算。

（4）对"集群线性分值"和最终结果进行计算。最后进行两次转换。第一次将集群线性分值转换为各个"因素对"分值相乘，第二次进行比例上的转换。

第七章　我国区域体育旅游产业集群发展研究

由于我国区域体育旅游产业集群化发展不仅能为我国体育旅游产业的可持续发展奠定稳固基础,同时也能有效提升我国体育旅游产业的核心竞争力。所以,深入研究我国区域体育旅游产业集群化具有很大的必要性,故而本章分别对我国西部地区、我国东南沿海地区以及我国环渤海地区的体育旅游产业集群化发展进行详细阐析。

第一节　我国西部体育旅游产业的集群化发展

对于我国西部体育旅游产业的集群化发展,这里主要从集群化发展存在的问题、集群化发展的战略、促进集群化发展的措施三个方面展开阐析。

一、我国西部体育旅游产业集群化发展存在的问题

(一)体育旅游开发观念落后,资源本底不清

我国西部拥有丰富的体育旅游资源,同时很多资源均具备原始性、唯一性以及垄断性特征,这属于自然与历史赐予我国西部的珍惜财富。然而,拥有得天独厚的体育旅游资源,并非就能实现体育旅游产业集群化。思想观念落后是我国西部体育旅游产

业发展落后的突出表现。我国旅游规划专家郭来喜曾提出,思想观念是发展西部旅游产业迫切解决的问题。我国西部百姓对"旅游"的概念还需进一步明确,我国西部部分管理者曾将旅游产业视为娱乐业来抓。除此之外,旅游从业人员在积极扩宽市场方面的能力还需有效提高,市场开发方面的观念还需进一步强化。

对于体育旅游产业集群化发展也是这样。一方面,对于我国西部乃至整个中国来说,体育旅游业依旧属于新兴产业,依旧处在培育阶段与起步阶段,广大群众未能深入掌握体育旅游的实质、特点以及具体意义。我国旅游类学术著作中论述体育旅游类别的极为有限,同时体育旅游专论也极为有限,体育旅游研究需要更加深入与系统。我国西部各级部门与地区未能准确定位本区域体育旅游产业集群化发展的潜力、政策措施、管理职能,西部旅游企业没有重点关注本区域的体育旅游业务;另一方面,人们没有清晰认识到西部体育旅游资源具备的优势与潜力,进而制约了西部体育旅游产业集群化发展进程,使得西部体育旅游资源开发利用程度低。立足于当前进行分析,我国西部体育旅游资源开发量和其潜力还存在很大差距,只是青藏高原就拥有巨大可开发量。体育旅游产业集群化投入力度极低,未能规划出系统性的体育旅游开发建设。许多体育旅游开发只设门售票,却未对体育旅游景区的内容展开系统性介绍,游客只可以进行最基础的体育观赏游览,这极大地浪费了我国西部丰富多样的体育旅游资源。

除此之外,因为没有摸清楚西部民族地区的体育旅游资源,以致对西部实现体育旅游产业集群化产生了很大的消极影响,打击了西部实现该目标的自信心。因为没有对西部体育旅游资源展开全方位普查和评价,所以对于西部所有体育旅游资源的数量、质量、种类、范围、自然环境、开发价值、客源前景均没有形成科学准确的参考依据。由于资源观方面存在浅层次问题,因而造成综合利用体育旅游资源被长时间忽视,未能获得相应的关注。

（二）季节性和高原环境的不利影响

除云南省、贵州省以及四川省部分地区外，我国西部大多数地区在体育旅游方面均存在旺季时间短、淡季时间长的问题，其中西北地区中部西部淡季时间大约是 5 ~ 6 个月，在这段时间体育旅游人数极少，同时绝大部分设施也被闲置；在每年 6 月中旬到 9 月中旬的 3 个月是旺季，该时段却常常出现人满为患的问题，并且服务设施与交通也会出现极度紧张的问题。

西部高原环境是一把双刃剑，其不仅是西部极为珍贵的体育旅游资源，另外也让很多游客望而却步。要想更好地适应高原气候条件，游客必须拥有良好的身体状况。除此之外，西部体育旅游产业集群化也受到高原生态环境脆弱性特征的制约。

从全局展开分析，我国西部体育旅游产业集群化已经起步，并且获得了一定程度的发展，然而在理论准备与实践积累两个方面还需进一步加强。要想推进西部体育旅游产业集群化进程，必须科学分析与认识西部当前的现实环境条件。在科学利用西部资源、政策倾向、市场潜力、区位特点等有利条件的基础上，对西部体育旅游产业发展的外界条件进行科学认识，进而为体育旅游产业集群化发展奠定现实依据，进一步加大体育旅游产业集群化发展力度，加快体育旅游产业的市场化与产业化，深入分析西部体育旅游产业的发展特征与规律。与此同时，还需深刻认识到支持条件与制约条件通常属于动态性与相对性的连续体。在西部大开发战略的持续推进下，西部体育旅游产业的基础设施、经济文化水平、产业发展观念等方面将日益完善和提升，进而使西部体育旅游产业集群化获得更大的发展空间与发展潜力。

（三）过度强调经济效益的开发政策

在现阶段，体育旅游发展的关键目标是实现现代化，但我国西部很多领导并未全面理解这一现状。在日常生活中，伴随着信息渠道的多样化,促使人们以为现代化就是西方发达国家或我国富有群体的生活方式和消费方式。然而,当前我国西部的某些地区在经济水平与现代化消费方式两方面仍然存在着巨大差距。立足于个体角度加以分析,充足金钱是实现现代化的重要条件之一,所以西部部分地区的领导与群众始终将资金作为发展体育旅游产业集群化的核心,最后让引进资金成为某些地区的经济开发政策的重中之重。"用资金换资金,用产权换资金,用土地换资金……"的系列性政策,似乎要把这些政府与群众所在的整个地区彻底转交给其他人。这一系列政策的最后结果反映在两个方面:第一,从体育旅游产业的长期发展来说,随着产权的大量转移,体育旅游产业集群化发展得到的经济效益被投资商占有;第二,人们逐渐对金钱产生盲目崇拜心理。在这一系列政策与思想的指引下,在体育旅游产业集群化发展的过程中,可能会过度重视体育旅游产业发展的经济效益,忽略体育旅游产业集群化的社会价值与文化价值,忽视体育旅游产业集群化对西部环境产生的作用,进而让当地群众无法及时接受必要预防与必要准备两方面的教育。如今,我国西部地区的部分领导紧紧从一个方面加强当地群众的商品意识,将当地经济落后的关键原因或所有原因归结于当地群众欠缺商品意识。因此,在部分地区领导过度重视当地群众尽全力把体育旅游文化包装成体育旅游商品的影响下,当地群众的经济意识的确有所增强,但是体育旅游文化却在逐渐消失。

就我国西部地区来说,体育旅游产业集群化发展为西部经济提供了崭新的发展契机,最终取得的经济效益在一定程度上缓解了当地政府与群众面临的问题。然而,分析西部体育旅游产业可知,是否开发与发展体育旅游业并非现阶段面临与存在的问题,而是在主动开发体育旅游产业时,需要尽全力维持西部地区自然的持续性和文化的持续性,切莫单方面考虑经济效益。

（四）忽视体育旅游资源的综合效应

我国西部地区地大物博,不仅有数以万计的体育旅游自然资源,并且还有源远流长的少数民族体育旅游文化资源。在现阶段,人们不再将旅游简单定位成游山玩水,同时也想在旅游中参加休闲健身运动,增强自己的人际关系。由此可知,现阶段我国西部地区民族特征与地方人特征均极为鲜明的体育旅游资源,拥有巨大且难以估量出的开发价值与市场潜力。

但是,景观开发被当成我国西部开发体育旅游的重中之重,同时因为西部地区体育旅游资源存在很多相似点,从而造成当地体育旅游景点出现了很多相同点。将开发自然资源作为主线的开发战略,使得许多地区忽略了人文旅游资源的长期效应,这一弊端在少数民族开发体育文化资源的过程中表现得最为明显。在对体育旅游景区的质量进行衡量时,不能只把自然风光与生态环境当成唯一标准,当地传统体育文化和民族传统习俗同样是重要的衡量标准。如果只开发体育旅游自然资源,没有充分开发体育旅游人文资源,不但不利于我国西部的自然环境,而且也难以高效发挥我国西部在体育旅游资源方面的众多优势,进而无法有力推进体育旅游产业集群化的发展进程。

（五）市场化程度不高, 市场秩序不够规范

对于我国体育旅游产业,可将其视为我国政府主导下的旅游管理体制不断演变和发展的过程。在我国旅游业逐步发展的过程中,大多数情况下会运用旅游产业扶植政策,政府同时加大政策支持和资金扶持的双重作用,进而对体育旅游产业集群化的演变过程和发展过程形成引导作用,最终有效激发社会不同领域的主动性。但需要说明的是,这一引导政策过度抬高政府作用,没有对市场机制予以应有的重视。立足于多个角度展开分析,西部体育旅游产业集群化发展正是在这一引导政策下逐步发展起来

的,所以同样存在许多问题,主要问题有以下几个方面。

第一,在体育旅游客源争夺上投入过多精力,没有对开拓体育旅游市场予以应有的重视,进而让体育旅游市场竞争过度激烈,市场竞争缺乏秩序,国内市场发展程度不断提高,国际市场开发程度极为有限,同时国际市场开发的增长速度也极为缓慢。

第二,在现阶段,我国西部体育旅游客源市场的稳定性极差,未能对西部体育旅游的本质需求展开全面研究,未能挖掘和开发出别具一格且具有核心竞争力的体育旅游产品,从而让西部潜在体育旅游资源无法满足游客的各项需求,难以对顾客现实购买力形成有效刺激。

第三,资本要素市场发展速度有待提高,尤其是资本有效供应机制还比较短缺,资本市场投资方式依旧存在单一化问题。

第四,我国西部体育旅游市场规章制度还需进一步完善,培育市场规范体育比较缓慢,仍然有无序竞争、违法竞争、无证经营、优劣不一、强买强卖的问题。

（六）人才数量、人才素质以及服务水平有待提高

将我国整体情况作为分析对象,得出我国各地均存在体育旅游开发与经营管理比较缺乏的问题,这一问题在我国西部表现得更加明显,其突出表现是体育旅游产品开发设计人才严重短缺,经营管理人才尤为匮乏,已经推出的体育旅游产品能够提供的服务依旧不到位。例如,大多数体育旅游区未能提供给顾客体育技术与健身指导服务,仅仅是设门酬票,这对我国西部体育旅游产业产生了很大限制作用。在这种情况下,我国西部应将发展重点设定为培养体育旅游从业人员的素质,提升体育旅游从业人员的服务质量,原因在于体育旅游从业人员的整体素质和体育旅游活动的质量和效益有着密不可分的关系。

（七）品牌意识不强,策划宣传不力

分析我国西部体育旅游资源可知,行政区划与体育因素使得

很多高品质资源被分割,进而在小规模、低水平的情况下进行开发利用,旅游产品等级在肢解过程中被不断降级,建设的高品位、高档次品牌旅游产品没能产生群体意识,在很大程度上限制了区域体育发展。因为省、地、县三级没有真正实现统一策划和协调,宣传方面通常有孤立宣传推介特定旅游产品或特定旅游产品某个部分的现象,在区域综合旅游品牌宣传上未能形成总体优势与综合价值,使得品牌结合优势大为降低,品牌整体优势被分崩离析,在很大程度上降低了体育旅游产品的对外吸引力与市场竞争力。在对外宣传方面,整体形象立意有待进一步提升,定位的精确程度相对较低,具体内容单一化,主题定位不明确,文化内涵相对匮乏,宣传吸引力有待进一步加强,促使游客外出休闲旅游的吸引力较低,宣传没能产生预期的经济效益与社会效益。

（八）缺少旅游合作观，尚未形成联合优势

分析现阶段各项情况能够得出,我国西部的体育旅游从业者尚未形成健康科学的竞争意识,同时合作意识也比较单薄,"大兵团"作战优势没有形成,这些因素均在很大程度上制约了西部地区体育旅游产业集群化发展的进程。但近几年来获得了一定程度的改善,相信我国西部民族地区体育旅游产业的竞争意识和合作意识必定会不断强化。

二、我国西部体育旅游产业集群化发展的战略

（一）我国西部体育旅游市场定位

1. 体育旅游市场的定位

在我国百姓生活水平持续提升的情况下,我国体育旅游产业集群化进程也获得了快速发展。伴随着健身、娱乐、探险等体育旅游项目参与人数的持续增加,体育旅游市场规模不断拓展。在

我国经济可持续发展的情况下,广大群众参与体育旅游的兴趣日益高涨,故而体育旅游市场定位将国内市场作为首选。在高效培育国内市场的基础上,也需要主动对国际体育旅游业务加以拓展。自 20 世纪 60 年代起,绝大部分发展中国家为有效提升创汇水平,实现外汇收支平衡,使国际交往更加密切,均大力开展国际旅游业务。我国西部体育旅游资源充足,很多体育项目深受外国人欢迎,绝佳的休闲健身旅游环境,以及近几年众多大型体育比赛项目在我国西部的频繁举行,必然会有效激发大量外国人来西部体育旅游的积极性。在这种情况下,对于我国西部体育旅游市场的定位来说,应当首先将目标市场定位于国内游客,然后再定位于国际游客。

2. 体育旅游市场细分与目标市场确定

在划分体育旅游市场时,要将出发点设定为体育旅游产品和游客多项需求两个方面,密切联系游客在购买行为方面的差异性,把游客消费整体市场划分成许多大体相同的游客购买群体的小型市场,从而提高旅游目标市场选择和确定过程中的准确性,站在总体角度来对目标市场展开清晰定位,积极举行行之有效的促销活动,进而有效降低促销费用,实现促销收益最大化。例如,体育健身类旅游适宜范围更加广泛,可以将民族传统体育旅游项目以及大型体育比赛在国外展开大范围宣传,可以在我国港澳台地区以及东南亚地区大力宣传我国北方的冰雪项目。在精确划分的市场中准确定位促销群体,是科学划分体育旅游市场的重要目标。国内客源市场、港澳台客源市场、国外客源市场是我国体育旅游目标市场的主要组成部分。

3. 体育旅游市场的开发

市场开发是指在市场中如何高效利用营销战略、策略、技术,进而更加高效地销售产品、提供服务。分析我国现阶段体育旅游目标市场可知:第一,在国内要不断提升宣传力度,积极运用多种媒介展开宣传,有效增加对我国游客的吸引力;第二,可组织并派遣旅游宣传促销团到其他国家和地区开展体育旅游说明会和推介会;第三,要主动邀请国外旅游商以及相关媒体前往我国西部实地考察丰富的体育旅游资源,进而增加西部体育旅游资源的国际影响力,高效增加体育旅游资源对国内外游客的吸引力。

（二）我国体育旅游市场营销的原则

西部民族地区在进行体育旅游市场营销时,须遵循以下原则。

1. 市场反馈原则

要想把体育旅游产品市场反馈体系建设得更加完善和高效,必须认真分析体育旅游市场出现的变化,进而选择出最适宜的主打产品,使得主打产品真正抢占市场,进而塑造出良好的形象,进而顺利推出系列产品。除此之外,还需及时辨析体育旅游市场的趋势和变化,从而用最短时间推出和市场变化相适应的体育旅游产品。

2. 差异原则

要想提升我国西部体育旅游产业的识别性,一定要将地方特色摆在重要位置,通过西部体育旅游资源的独特性特征来吸引受众,进而推动市场启动。要想实现这一目标,还需大力突出和推广体育旅游产品的地方性、独特性以及民族性。

3. 效率原则

效率原则是指要提高推销体育旅游产品的实际效率。即在体育旅游产品的宣传促销过程中,要合理分配旅游促销资金,利用促销组合使营销效果最大化,力争在成本最低的情况下实现促销响应最大化。

4. 产品形象一体化原则

将不同类型的体育旅游产品包装成统一目的地形象,在保障体育旅游产品多层次以及系列化的情况下,利用统一形象来不断宣传。在宣传过程中,应将促销主体设定为重点体育旅游产品,进而有效推广我国西部体育旅游产业的总体形象。

5. 多部门合作原则

旅游业属于广泛关联度的产业之一,所以包括促销工作在内的旅游业相关的所有工作都需与各地政府部门、旅游企业、媒体、社会组织展开密切合作,进而形成良好的社会形象,不断提升我国西部体育旅游产业的知名度;和我国西部内外的旅游目的地展开联合促销;尽最大努力使分销渠道更加广阔。

（三）我国西部体育旅游客源市场开发策略

1. 细分体育旅游消费市场，重视开发层次性

参照年龄阶段、职业类别、实际收入水平、具体兴趣爱好来判断消费者的实际消费需求,进而更加高效地开发并生产出多层次的体育劳务消费品,从而满足消费者多种层次的需求。例如,游泳、探险、漂流、轮滑、球类等项目深受青少年喜爱;保龄球、健美、登山、滑雪等项目深受中青年欢迎;太极拳、民族体育舞蹈、保健医疗操、气功、垂钓等项目深受中老年喜爱。这些共同构成了中国特色体育旅游市场的主体内容。

2. 引导居民的体育旅游消费

伴随着时代的发展,人们的观念发生了巨大变化。体育旅游不但能让旅游者感受旅游的快乐,而且能让游客身体在参与过程中得到有效锻炼,进而实现强健体魄的目标。因此,我国积极实施《全民健身计划纲要》,积极鼓舞全民参与到健身过程中,从而有效提升我国各民族的总体素质,努力建立良好的生活方式。要想实现该目标,一定要使用新颖的宣传手法,积极开展引导性宣传,使越来越多的国民投身于有益于自身以及家庭成员身心健康的体育旅游消费活动中。

3.强化品牌战略

（1）采取政府主导型战略。当处于体育旅游发展的起始时期与特定时期时，政府有责任积极组织与调动各个方面的潜在因素和主动性，进而通过各种创新制度、创新政策、创新手段，来努力实现体育旅游业的稳步发展，即政府主导型发展战略。

第一，政府主导型战略中政府是指大政府，是负责地域经济、社会、行政、司法的组织、领导、管理、监督等各项事务的机关、机构的统称；第二，组织、协调、动员、引导、规范等均属于政府承担职能的范畴；第三，在政府主导型战略与体育旅游业具体特征的情况下，使得政府不得不展开基础性、配套性、先导性的投入，政府在宣传促销、规划、培训等方面必须承担起组织和协调的职能。立足于整体进行分析，要想完成塑造我国西部良好体育旅游产品品牌这项大工程，政府必须立足于全局展开协调工作，进而对该工程的信誉以及资金筹措能力产生有利作用。

（2）就我国西部体育旅游产品而言，集群化属于其树立良好品牌形象的必经之路。我国西部广阔无垠，体育旅游资源多样化特征明显，体育旅游产品开发和不同行业之间存在着密切关系，其中基础设施建设最为迫切，在实际开发过程中必须筹备和投入大量资金，某些企业的个别行为属于杯水车薪。因此，要想使西部体育旅游产品得到有效开发，必须积极创造并建立优势品牌，主动运用大规模网络化与企业集团化的运营模式，从而将各方面人力、物力以及财力的作用发挥到最大，实现有重点和高起点地开发，更加高效地实现与我国西部体育旅游资源优势的有机结合，进而创造出特色鲜明的国家级甚至世界级的体育旅游名牌产品，有效促进西部体育旅游在国内外体育旅游市场的发展，提高西部体育旅游的市场竞争力，提高西部体育旅游对游客的吸引力。

三、促进我国西部体育旅游产业集群化发展的措施

（一）重视观念的转变

经过相关调查与研究发现,观念陈旧是制约我国西部体育旅游产业集群化发展的一项关键因素。在我国西部,拥有丰富且特色鲜明的体育旅游资源,但西部很多地区在实现体育旅游产业集群化的过程中,因为未能深入理解当地体育旅游资源在满足游客身心健康、文化需求方面的特殊意义以及潜在价值,进而出现了当地体育旅游资源开发程度较低以及利用率过低的问题,最终制约了当地体育旅游产业集群化的进程。

因此,在实现我国西部体育旅游产业集群化的过程中,必须要全面、深入地认识我国西部的体育旅游资源,及时革新各方面的观念。首先,在大力发展西部体育旅游资源以及体育旅游产业集群化的过程中,要利用实地考察、资料收集、数据分析等途径,来对我国西部体育旅游产业的所有环节形成多方位认识,从而保障认识我国西部体育旅游产业集群化的准确性。其次,要高度重视西部体育旅游产业对西部发展的重要作用,把西部体育旅游产业当成推进西部经济发展的优势产业来发展。最后,要积极树立大西部、大旅游、大市场的发展观念,将我国西部体育旅游产业发展放置在整个西部发展范畴中加以认识与规划,进而充分保障西部体育旅游产业集群化发展的方向性,努力发挥体育旅游产业和其他产业、市场间资源共享以及优势互补的作用。

（二）重视挖掘西部体育文化

特色性原则属于发展我国西部体育旅游产业必须遵循的一项基本原则,在西部体育旅游产业发展过程中必须认真遵循特色性原则,有效展现西部体育旅游的各项特色,将挖掘西部体育文化置于重要位置。

在现阶段,深切喜爱体育旅游的游客通常有比较高的文化素养,同时对民族特色文化以及内在独特精神都有相对深厚的了解和追求,民族特色文化对热衷于体育旅游的游客来说有着巨大吸引力。倘若体育旅游产品丧失文化内涵,就如同丧失了灵魂,必将对游客的兴趣与热情形成很大打击。因此,在实现西部体育旅游产业集群化的过程中,要将挖掘与发扬西部体育文化置于重要位置,采用不同方式、角度以及途径来让游客感受我国西部特殊的体育文化内涵与精神,从根本上提高我国西部体育旅游项目的吸引力,推动我国西部体育旅游产业的可持续发展。

(三)不断完善体育旅游产业的发展管理

就我国西部体育旅游产业的管理问题而言,产品质量管理、服务质量管理、安全管理均属于极为关键的部分。其中,提升产品质量与服务质量是保障我国西部体育旅游产业稳步发展的根本。分析我国西部体育旅游产业可知,创新是提升产品质量与服务质量的重中之重。换句话说,在体育旅游产业集群化的发展过程中,不能完全照搬东部地区以及其他知名景点使用的模式,相反要密切联系我国西部特殊的自然条件和文化氛围,进而发展出体育旅游产业集群化的特色之路。另外,还要大胆创新体育旅游产品的包装环节和设计环节等,利用有效创新来有效提升西部体育旅游的产品质量与服务质量。

安全管理是保障我国西部体育旅游产业集群化发展的重要前提。体育旅游属于把体育运动与旅游活动集为一体的休闲方式。通常情况下,体育旅游均伴有形式多样、强度多样、运动量多样的体育运动,此外游客参与体育旅游过程中还客观存在很多无法确定的因素,倘若不将安全管理摆在重要位置,则会在很大程度上提高安全事故的发生率。故而,在发展西部体育旅游产业集群化的过程中,必须开展实地考察与调研,全面掌握一切可能发生安全事故的安全隐患,同时对各项隐患展开针对性排除,尽一切可能提升体育旅游过程中的安全系数。另外,在组织旅游的实践过程中,要全面耐心地讲解各项安全注意事项,同时要时刻配备体育旅游必需的应急救援措施以及医疗急救用品,从根本上降低安全事故发生率以及伤害程度。

第二节 我国东南沿海体育旅游产业的集群化发展

我国东南沿海地区主要是指从山东半岛以南到广西一线的沿海地区,本节主要阐述东南沿海地区的长三角及泛珠三角区域体育旅游产业集群化发展。

一、我国东南沿海体育旅游产业集群化发展存在的问题

(一)长江三角洲体育旅游产业集群化发展存在的问题

1.体育旅游政府管理有待理清

因为长三角地区体育旅游资源是二元构成结构(一部分由原计划体制配置的体育旅游资源,同时政府职能部分承担掌管任务;另一部分由市场机制社会资本转移形成的体育旅游资源),政府在自利性作用下,不但赋予原计划配置的体育资源运作以超经济行为,同时还对社会资本转移形成的体育旅游资源展开行政操控,这在某种程度上是对产权关系的进一步模糊。除此之外,因为旅游业属于综合性特征显著的产业之一,所以要想实现旅游业的大力发展需要各地市有关管理部门的密切合作。因此,在开发与管理体育旅游产品的过程中,经常会出现重复建设、管理无序的问题。

2.体育旅游市场体系不够健全

在观念方面,倘若不能把体育旅游视为一个产业、国民经济的组成部分,必然会将该领域市场化改革忽视掉。在现阶段,长

江三角洲地区依旧未能形成系统性的体育旅游产业政策,当前体育旅游产业大多是由计划经济下的体育事业改革转轨而来的,依旧有双轨制痕迹,同时还有显而易见的政府行为色彩。一方面,政府对体育旅游设施的投资力度比较有限,依然需要加大投入力度,进一步强化体育旅游基础设施建设。另一方面,还没有形成体育旅游产业的社会投融资体系以及资本市场,资本投入要素作为一项生产要素,在体育旅游产业中显著不足,无法真正满足体育旅游产业大规模拓展的资本要求。政府在引导投资、鼓励赞助、减少经营税收等方面的政策还比较稀缺,这在某种程度上打击了社会各界投资体育旅游产业的主动性。同时,和 WTO 规则相适应,和体育旅游产业发展规律以及长江三角洲地区体育旅游市场体系相符合的体育旅游市场体系健全程度还有待进一步增强。体育旅游市场法制化程度还急需深入强化,没有建立出统一、高效的行业监督、评价、统计和行业发展、投资、经营的信息系统,欠缺有效发展体育旅游产业的清晰政策,特别是在用地、税收、市场准入等方面没有方便操作的产业政策,某些体育旅游项目的税收太高,制约了体育旅游产业集群化发展。

3. 体育旅游产业发展缺乏科学规划

在认识方面,绝大多数人会将体育旅游产业视为构成旅游业的一个组成部分,这在一定程度上不利于人们清晰认识体育旅游产业的发展规律。在广州市、北京市等,已经把体育旅游产业归到经济与社会发展总体规划中,位于长江三角洲的绝大多数地市的经济与社会发展总体规划中没有涉及体育旅游产业,这直接造成该地区体育旅游产业的层次与效益相对较低,结构欠缺合理性,同时还存在盲目开发、无序竞争的现象。

4. 缺乏体育旅游支柱企业和品牌

分析长江三角洲地区的体育旅游产业组织形式可知,其依旧处在小规模、分散化的经营状态,规模化和集约化的产业集团还十分稀少。长江三角洲地区有很多经营体育旅游的团社,但投资规模和影响力较大的体育旅游集团几乎不存在,大多数被开设的体育旅游路线都存在生命周期短、产品竞争力弱的问题;一般性健身活动较多,但定期举办的健身游却极少;名山、名水、名园很多,但体育旅游产品的知名度却极低,这些均直接限制了长江三角洲地区体育旅游产业与产品的市场竞争力,对长江三角洲地区体育旅游产业集群化发展产生了制约作用。

5.体育旅游经营人才缺乏

在现阶段,长江三角洲地区体育旅游产业在发展过程中严重欠缺高素质综合性专业人才,特别欠缺拥有经营知识、管理知识、法律知识、体育知识、旅游知识的复合性体育经济人才,体育旅游专业人才在总量、质量、专业、分布构成四个方面的状况都令人堪忧,同时已经发展成限制长江三角洲体育旅游产业集群化发展的短板。立足于专业结构展开分析,设计、推广、管理、经营方面的人才十分稀缺,尚未真正形成体育旅游产业人才群体,管理制度还需进一步健全,行业自律机制还需有效建立与完善。

(二)泛珠三角体育旅游产业集群化存在的问题

1.开发过程中造成严重的生态环境污染

在开发体育旅游资源的全过程,都应当始终遵循保护生态环境与自然原生性的原则。但分析当前情况可知,在开发泛珠三角体育旅游资源的过程中,并未认真贯彻该项原则,同时也没有对该区域的体育旅游资源展开科学规划与全方位考察论证,大体分析可知其属于粗放式生态旅游开发,这严重破坏了泛珠三角区域的环境。

立足于整体来看,泛珠三角的生态旅游资源开发均有某种程度上的垃圾公害、水污染、噪声污染、空气污染,由此严重破坏了保护区的各项资源,并且还出现了环境恶化、生态失衡的问题。在不断开发的过程中,没有对部分人工建筑与景点展开科学规划与论证,只是单方面地提升经济效益,进而使得自然与人文景观的协调性不断降低,景观的整体性和统一性也被严重破坏。这些问题都对生态系统平衡产生了巨大打击。部分保护区还呈现出了城市化趋向,保护区内烟囱数量和排污染数量不断增加,对自然生态环境产生了难以磨灭的破坏。除此之外,保护区内宾馆、商铺、不同形式的度假村数量不断增加,这些都与保护区核心管理理念严重不符,对泛珠三角体育旅游资源可持续发展以及体育旅游产业集群化发展产生了制约作用。

2. 对环境评价与监测的力度不足

泛珠三角区域体育旅游资源众多,在资源开发中应当及时进行环境监测以及环境影响评价,所以构建出完善的环境影响评价系统与环境容量检测机制是极为必要的。在现阶段,泛珠三角区域绝大多数滨海保护区没有经过深入考察就确定了生态旅游临界容量,很多滨海保护区在无法保证论证与检测科学性的情况下就开展体育旅游项目,使得生态环境压力持续增大,有些地方还出现了无法协调治理的矛盾。这些现象都对有效开发体育旅游资源产生了消极影响,同时对泛珠三角体育旅游产业集群化也产生了消极影响。因此,今后必须大力强化泛珠三角区域内的环境评价和检测力度。

3. 管理政策法规与体制不健全

如今,保护区内体育旅游资源开发和资源保护间的矛盾是开发体育旅游资源过程中的主要矛盾。由于体育旅游资源开发没有形成统一的管理机构与切实可行的政策法规体系,因而对保护区管理产生了很大制约。例如,我国自然保护区包括森林、湿地、荒漠、野生动物、野生植物、草原、海洋、自然遗迹、古生物遗迹9种类型,林业部门主管前5种,农业部管理草原,国家海洋局管理海洋,地矿部门管理自然遗迹和古生物遗迹。除林业部门、农业部、国家海洋局、地矿部门以外,国家环保总局负责综合协调,在多头管理的影响下,自然保护区开始出现权力交叉、权责不清的问题,这对泛珠三角体育旅游资源资源以及体育旅游产业集群化都产生了限制。

二、推动我国东南沿海体育旅游产业集群化发展的措施

（一）长江三角洲体育旅游产业集群化发展的对策

1. 摆脱体制束缚，加强区域合作

分析长江三角洲各个城市发展体育旅游产业集权化的过程可知，其在很长时间内站在地方利益的角度思考问题，出现了各自为政、盲目重复建设等方面的问题，浪费了很多体育旅游资源、资金、人力。要想真正形成区域体育旅游的合作局面，必须尽全力建立出制度化的体育旅游协调组织，同时密切联系不同城市具备的优势，构建出更加合理的分工体系，进而从根本上实现统一规划、统一管理、统一实施的目标。

2. 整体规划、合理布局、创建品牌

在规划长江三角洲地区的体育旅游资源时，应当从全局角度出发。在开发旅游市场时，应当时刻贯彻"全面规划，严格保护，合理开发"的可持续发展原则。开发时应当做到有步骤、分地区、分重点，进而形成拳头产品，努力使体育旅游品牌的支撑点得以树立。在开发过程中，应当努力形成自身特色，从而产生优势互补，由此来有效吸引国内外游客来长江三角洲地区进行体育旅游消费，将长江三角洲建设成国内外知名的体育旅游热点区域。

3. 完善基础设施建设，优化投融资环境

体育旅游要想发展成为独立产业并达到特定规模，或者说体育旅游要想发展成体育产业和旅游产业中的重要产业，必须积极走向市场，不断拓宽投融资渠道，建设出属于自己的资本市场。在发展体育旅游产业集群化的过程中，一方面要依托旅游和体育发展的专项资金，在体育旅游发展的初期阶段提供充足的资金；另一方面，要积极制定出切实可行的优惠政策，遵循谁投资谁受

益的原则,不断激励外商(含内资)直接投资,有效激发国内外大型企业投资体育旅游的主动性,除此之外也能采用政企联合、区域联合的投资及运作模式,朝着多元化投资经营道路不断前进。

4.加强信息互动,建立风险防范机制

体育旅游产业属于相对敏感的行业之一,市场环境能对体育旅游产业产生较大影响,同时体育旅游业的抗风险水平比较低,经常会产生很多想象不到的事件。因此,需要针对体育旅游产业的突发事件与旅游危机建立预警处理机制和处理基金,使体育旅游产业的抗风险能力得到有效增强,使体育旅游产业的可持续发展得到保障。要不断增强信息交流与互动,构建长江三角洲体育旅游网站,积极完善体育旅游企业的信息化基础建设,进而创建出对体育旅游产业信息化发展有积极影响的软环境。

5.加快体育旅游经营管理人才培养

在培养体育旅游经营管理人才的过程中,应当积极加大旅游教育与培训力度,督促各院校办好旅游专业和体育专业,对于综合实力强的院校可以创建休闲旅游及体育旅游专业,展开持续时间较短的体育休闲、体育旅游业务培训等措施,进而为长江三角洲地区培养出高素质、复合型的旅游人才以及体育旅游经营管理人才。

(二)泛珠三角区域体育旅游产业集群化发展的对策

1.制定滨海保护区生态旅游发展战略

(1)建立保护区内旅游发展的目标、模式

对于保护区内生态旅游发展战略来说,建立生态旅游发展目标与发展模式是十分必要的,同时也需要采取对应的发展策略等。在制定生态旅游发展战略规划的过程中,应当将保护区资源优势与资源特色考虑在内,做到统筹安排合理布局,使自然美和人工美、游览与教育、保护和开发、生态和环境融为一体。在开发体育旅游资源的过程中,要始终遵循保护和开发有机结合的原则,对保护区内体育旅游生态环境的容量与承载力展开科学评估,开发出拥有巨大品牌吸引力的体育旅游项目和旅游线路,进而有效推动体育旅游资源可持续利用,实现体育旅游产业集群化发展。

（2）制定科学的生态旅游规划

要想提高保护区内体育旅游资源开发的科学性和合理性,必须保证制定出的体育旅游发展规划具有科学性特征以及合理性特征,这是相当关键的。科学发展规划应当将自然生态伦理理论和生态经济学理论当成重要指导,在科学运用生态旅游资源的前提条件下,认真遵循生态系统发展的基础性规律,针对保护区结构、功能、规模三方面展开统筹规划,在不破坏保护区内生态平衡的基础上,有效推动体育旅游资源的科学开发和发展。

在规划生态体育旅游时,应当达到以下几方面的要求:第一,要认真界定保护区内各种类型和各种性质的规划原则与指导思想;第二,要全面调查和评价保护区内体育旅游资源;第三,要认真调研和分析保护区内客源市场的实际状况;第四,要科学分析保护区内生态旅游环境的实际容量;第五,要尽全力做好保护区内的功能分区和旅游项目规划;第六,要科学高效地完成保护区内基础设施建设工作和发展规划工作;第七,要做好保护区内保护措施的实施规划;第八,要认真做好保护区内社区发展规划;第九,要高效完成保护区组织认识管理规划;第十,要立足于多个角度展开保护区内体育旅游开发的成本效益分析。

2.合理设计滨海保护区功能分区

要想科学开发滨海保护区的体育旅游资源,必须在功能分区限定范围中开展,功能分区能够把土地利用和土地控制充分结合在一起,进而实现分流游客以及保护资源的双重目标。由此可知,科学设计保护区功能分区是极为必要的。原因在于不但能防止生态旅游活动破坏生态环境以及保护区核心保护对象,而且也可以有效保障保护区内的物种始终具备多样性与原生性。在对保护区功能分区展开设计的过程中,应当清晰地分析出各区域的旅游价值与资源特征,对各区域保护计划和设施设备展开明确定位。利用合理途径设计出的功能分区,不但可以对保护区生态资源产生保护作用,而且也可以使生态旅游对游客形成极大吸引力,最终达到双赢目标。

3. 合理进行旅游开发定位和形象策划

要想使滨海保护区内体育旅游产业实现集群化发展,一定要积极创新体育旅游产品,对市场需求展开全方位分析,精准确定出体育旅游产品的市场定位,进而让区域内体育旅游产品的特色更加鲜明,从而增加泛珠三角体育旅游产业对国内外游客的吸引力。除此之外,应把总体规划当成开发体育旅游产品的重要指导,同时全面考虑保护区的整体发展目标,最终达到携手并进的目标。在对新型体育旅游产品进行开发的过程中,要将保护区内形象策划体系考虑在内,不断扩大滨海保护区体育旅游资源的影响力,从根本上提升旅游服务质量,构建出保护区的体育旅游品牌。

4. 建立健全滨海保护区旅游管理机制

要想科学开发保护区内各项体育旅游资源,必须不断加强体育旅游管理机制的健全程度。科学合理的体育旅游管理机制对保护区内环境保护的能源效应与地区社会经济福利均有积极影响,能够有效提升广大群众的生活水平,促使自然人文资源实现有序发展。在制定体育旅游管理机制的过程中,应将其宗旨设定为把最小环境影响设定成代价,从而实现社会效益与经济生态效益的最大化。

建立体育旅游管理机制的具体过程中,应当将价格管理、人力资源管理、服务管理作为重要的着力点。价格管理是指制定游客收费标准时可以辅助达到很多种类的管理目标,如高收费政策可以有效控制旅游区域使用总量,对游客集中度实现有效调整,防止环境承受过大的压力,并且价格管理也可以使弱势群体得到保护。科学高效的人力资源管理,是保障保护区具体工作高效完成的重要保障。保护区内服务管理是达到生态旅游可持续性的强力保障,在服务管理过程中积极融入社会文化因素和经济生态因素,能够激励更多在社会文化背景和年龄阶段两方面存在差异的群体积极参与到保护区管理实践中,有效推动泛珠三角区域体育旅游产业集群化发展。

第三节　我国环渤海体育旅游产业的集群化发展

一、我国环渤海体育旅游产业集群化发展的优势分析

整体分析可知,我国环渤海体育旅游产业集群化发展具备多项优势,这里主要从交通运输、历史文化、旅游资源、客源资源这几方面的优势展开分析。

（一）交通运输

环渤海地区位于山东省,山东省属于我国东部沿海地区的重要省份之一,其处在黄河下游和京杭大运河的中北段,其省会是济南市。

山东半岛在渤海和黄海之间,东部和朝鲜半岛、日本隔海相望,北部和辽东半岛相对,西北和河北省接壤,西南和河南省交界,南部和安徽省、江苏省相邻。地理位置让山东省充当着华北地区和华东地区的结合部以及沿黄河经济带和环渤海经济区的交汇点,其属于我国东部沿海地区中一个最大的开放区域,在我国经济格局中拥有极为关键的位置。与此同时,山东省还是中日韩"旅游金三角"的核心位置,和亚洲最大客源输出国韩国和日本的距离很近,并且也是长江三角洲和环渤海地区两大客源地的中间位置,双重市场结构扩大了山东省高端度假和文化体验的市场需求。

（二）历史文化

我国环渤海地区历史文化源远流长,并且也拥有深厚人文底蕴和奇特的民间习俗,这些均属于环渤海地区体育旅游产业集群化发展的优势。

1.悠久的历史

山东省属于中华文明的关键发祥地之一,四五十万年前就有古代人类在此生存和繁衍。相关考证表明,汉唐时期山东地区也属于丝绸贸易的重要供货地,属于我国古代丝绸之路的源头。在我国古代,山东地区历史地位突出,其经济和文化等都对我国历史发展发挥了不可替代的作用。

2.丰富的文化

从古代开始,山东就有“孔孟之乡”“礼仪之邦”的美誉。山东是很多圣人的故乡,有很多古圣先贤都来自这里,如孔子、庄子、王羲之等。山东省日常饮食和世界风俗同样有深厚文化底蕴,鲁菜不仅是构成中华饮食文化的关键部分,还是我国四大菜系之一。此外,山东也是中华民族群构时期的一个策源地,史前仰韶文化、龙山文化沉积以及丰富历史都彰显出山东地区源远流长的文化。

3.独特的民俗

环渤海地区所在的山东省拥有多样的民俗风情。以胶东地区为例,不仅有传统气息浓郁的祭海出渔仪式,还有特色鲜明的秧歌,也有惟妙惟肖的潍坊风筝。

近些年来,环渤海地区举行的民俗旅游活动深受众多游客的喜爱。其中,环渤海地区民俗旅游主题是节庆民俗旅游,不仅数量繁多,同时也获得了很好的效益。

（三）旅游资源

环渤海地区所处的山东省,拥有上千处旅游景点。山东省的世界级遗产是泰山风景名胜区以及曲阜市的孔府旅游区、孔庙旅游区、孔林旅游区。

山东省丰富多样的旅游资源,能够使游客获得极高的感受和体验。在山东省有很多特色鲜明的城市,如济南的泉、青岛的海、威海的岛、泰安的山等。在曲阜市,能够深切体悟孔子的博学多才;在淄博市,能够体会到齐国的泱泱大风;在潍坊,能够欣赏到绚烂多姿的风筝;在菏泽,可以观赏万紫千红的牡丹。山东省种类繁多的旅游资源,可以为环渤海地区体育旅游产业集群化发展打下稳固的物质基础。

（四）客源资源

分析我国市场可以看出,环渤海地区所处的山东省属于我国重要旅游省份,其拥有十分平稳的客源市场基础,主要客源是华东地区的游客。立足于国际市场加以分析,亚洲游客是山东省旅游的游客群体,同时在国际经济良好发展的趋势下,在欧洲、美洲、大洋洲等地区同样有极为广泛的客源市场。

在实现环渤海地区体育旅游产业集群化的过程中,应当尽力遵循开发大市场和对外大开放相结合、走出去和请进来相结合的发展方针,大力开发体育旅游的国内外市场。从具体角度展开分析,要想有效开发环渤海地区体育旅游的客源资源,必须做好以下几点工作。

第一,重点打开国际市场。在开发环渤海地区体育旅游资源的过程中,应当积极加大开发力度,积极展开相关创新,实现多方联合,有针对性地对日本市场、美国市场、德国市场实施开发,同时还需对韩国市场、东南亚市场进行定期巩固。

第二,大力拓展北京市、上海市、广东省、东北三省的客源资源市场。环渤海地区应把齐鲁文化和黄金海岸当成品牌进而实现产业创新,并且对体育旅游有关产品进行持续完善,合理组合编排环渤海地区的旅游线路,从而通过多项方式来有计划、有组织地实施宣传与促销。

第三,认真启动"山东旅游形象工作"。在开发环渤海地区体育旅游的过程中,可请权威专家为环渤海地区总体形象实施包装和设计,也可以利用多种媒体来大力宣传环渤海地区体育旅游形象。除此之外,也可组织和体育旅游相关的表演联谊等,利用多种方式有效宣传环渤海地区的体育旅游产业。

二、我国环渤海体育旅游产业集群化发展的劣势分析

我国环渤海地区体育旅游产业集群化发展同样有一些劣势,这里仅从项目统筹和从业人员素质两方面来阐析环渤海地区体育旅游产业集群化发展的劣势。

（一）项目统筹

在现阶段,环渤海地区体育旅游资源不平衡问题相当严峻,许多景区在项目设置方面存在单一化、品位低的问题,这些地区没有科学统筹安排的问题十分常见。其中,众多问题中最为显著的是"三冷三热"问题,即夏季热、冬季冷;白天热、晚上冷;东部热、西部冷。在旅游六要素中,购物、食宿、演艺均属于环渤海地区体育旅游产业发展的短板。县市不同,具体情况也千差万别,具体原因包括没有大项目支撑、没有特色旅游项目吸引体育旅游消费者、体育旅游购物发展不成熟等。

除以上问题外,环渤海地区体育旅游项目统筹、体育旅游资源整合,不同县市景区体育旅游项目特色和优势展示,均属于需要迫切解决的问题。

（二）从业人员素质

体育旅游项目作为专业性极强的新型旅游项目,在其开发环节、管理环节、经营环节均需要体育旅游资源从业人员具备很高的专业素质。这里主要从开发者、管理者、经营者、导游几方面对体育旅游从业人员素质展开分析。

1. 开发者

在现阶段,粗放开发、盲目利用、忽视地区文化旅游内涵等均属于环渤海地区体育旅游产业集群化发展过程中十分常见的问题,其中滨海旅游最为严重。

滨海旅游自身特色与自身优势均十分鲜明,很多地方在旅游资源开发方面均有重复性和相似性,"一哄而上"的现象在很多项目建设中均比较常见。在开发体育旅游资源的过程中,部分地区政府管理部门没有对体育旅游资源展开深入调查研究和多方位论证评估。其中,在新体育旅游区的开发过程中表现得最为显著,很多开发者都存在急功近利心理,在尚未开展总体规划和科学论证的情况下就实施粗放式盲目开发,由此浪费了许多不可再生的旅游资源。

实现体育旅游产业集群化并非简单工程,其属于对当前资源的科学利用,是主动展现当地文化的行为,也是大力宣传城市的方法之一。体育旅游资源开发属于系统性工程之一,拥有投入大、资金多、项目涉及面广等特征,其不但需要体育旅游资源开发者拥有很好的专业素质,并且还需要交通、卫生、文化、教育、物价、技术监督、林业、土地、建设、环保和宗教等有关部门与机构的积极配合,在此基础上才能有效实现体育旅游开发工作。

2. 管理者

体育旅游管理者素质水平的高低,对体育旅游景区正常运行有直接性影响。通常情况下,保护好景区的原生态、真实性、完整性是体育旅游景区最为关键的环境保护目标。在现阶段,部分生态景区在对外开放过程中,尽管成功吸引了很多游客来观光和旅游,但是也严重破坏了景区的卫生和环境,部分将生态旅游当成主题的旅游景点在今后发展中也会受到了很大的负面影响。

分析我国体育旅游领域得出,同时掌握体育知识和旅游知识的管理者很少,这一问题已经发展成我国体育旅游朝前发展的短板,严重制约了我国体育旅游业。除此之外,许多体育旅游景区对外宣传意识薄弱,体育旅游信息网络化服务匮乏,体育旅游从业人员总体素质较低,这些因素使得体育旅游产业难以充分满足市场需求。因此,在对体育旅游管理人才进行培养的过程中,需要运用多种方法进行体育旅游专项培训或职业教育,大力提高体育旅游领域管理者的业务水平和素质,使管理者充分掌握体育旅游管理学科的基础理论和知识,并且掌握和体育运动有关的理论和技能。

3. 经营者

体育旅游经营者是指在游客旅游期间,向游客提供衣、食、住、行、玩、乐等多项服务,由此来获取经营利益的专业性人员。体育旅游经营者提供的服务,需要和所处景区的地理环境、文化历史充分协调,密切联系景观特征和文化内涵来发展出更加规范的经营和服务,最终达到和谐发展的目标。

但分析现阶段旅游景区管理可知,混乱经营现象和无序发展现象十分常见,经营者盲目肆意拉客的现象十分频繁,严重忽略了旅游的深层内涵,纯商业化推销被大范围采用,并未将体育旅游经营的长期利益当成经营工作的重中之重。当今,尽管体育旅游者心怀各种各样的目的,但经过归纳可知其主要目标是欣赏风景和感受文化,最终实现愉悦身心、增长知识的目标。然而,我国现阶段的体育旅游经营者在素质上存在很大差异,并由此出现了很多经营混乱的问题。因为体育旅游资源具有稀缺和不可再生性特征,所以极易出现价格垄断现象,地方保护主义存在于很多地方,如自行定价、巧立名目、价格不一、任意收费等现象。因为体育旅游经营者在素质方面存在很大差异,所以游客被宰现象频繁发生,这些因素都对我国体育旅游产业集群化产生了负面作用。

4. 导游

导游不仅是国家和地区旅游发展的一面镜子,还是体育旅游质量的重要保障。导游不但能反映旅行社信誉,而且还充当着旅游工作者和文化传播者双重身份。在现阶段,"导游变导购,心思在回扣"的现象在我国许多体育旅游景区频繁出现,如部分导游擅自改变既定行程,任意增加自费游览项目,反复安排购物活动,收取回扣等,这些问题不仅是长时间以来游客投诉的重要问题,也是体育旅游管理部门重点管理的内容。游客原本想获得愉快的体育旅游体验,但总是被素质偏低的导游破坏行程,游客出行体验被严重破坏,体育旅游者难以得到预期的感觉和收获。尤其是在旅游旺季,导游经常会出现供不应求问题,因而其服务水平也会严重下滑。因为体育旅游导游的专业性很强,所以其业务素质必须达到较高要求,导游不但要有一般导游应有的资格和能力,一般还要有水上救生员资格、野外活动指导资格、红十字紧急救护员资格、登山保护员资格等,进而保障体育旅游者的人身安全。

由此可知,体育旅游导游对环渤海地区体育旅游产业集群化发展具有重要意义,同时导游群体素质低下也是环渤海地区体育旅游产业可持续发展的劣势之一。

三、我国环渤海体育旅游产业集群化发展的机会分析

我国环渤海地区的体育旅游产业集群化发展中有很多优势与不足之处,并且也存在很多发展机遇。这里重点从旅游战略发展与开放程度两方面,对环渤海地区体育旅游产业集群化发展的机会展开阐析。

(一)旅游战略发展

环渤海地区所在的山东省是一个文化大省与资源大省,这里不但适合观光旅游,而且还非常适合休闲旅游,因此应该将环渤海地区逐渐打造成文化圣地、度假天堂,使山东省由旅游大省逐渐转变为旅游强省。

近些年来,山东省的旅游业实现了非常迅速的发展,区域旅

游合作不断推进。在区域旅游合作方面,只有政府发挥主导作用确立合作机制才能够打造共同的信息平台,设计共同的旅游产品,推销共同的旅游景观,解决共同的旅游方面的突发事件,才能够最终实现无障碍旅游,进而实现"双赢"。

（二）开放程度

在 20 世纪 80 年代,很多的中国人并没有"旅游"这一概念,到了 20 世纪 90 年代,人们的旅游意识逐渐增强,国内游在全国范围内不断兴起并日益高涨。1983 年,中国香港、澳门对内地居民开放,这两个地区也成为我国最早的出境游目的地,而广东地区的"港澳探亲游"成为我国出境游的开端。

随着我国居民生活水平的不断提高,人们的价值观念发生了很大变化,人们的旅游目的也日趋多样化与个性化。在二十年前,人们出游的动机主要是由于好奇,想出去见见世面;而现在,旅游已经由传统意义上的观光逐渐转变为休闲度假、享受生活,还有一部分人是为了增长见识,锻炼自己的意志,人们旅游的目的发生了根本上的转变。近些年来,随着社会经济生活的不断发展,人们日常生活的压力也在不断增大,这种以旅游享受生活的方式越来越受到更多都市人的青睐,人们不在乎出去游了哪些景点,而是更加注重身心的休息与放松的质量。更多的都市人走出了大城市,选择"吃农家饭、住农家屋、学农家活"的乡村游与生态游。对于很大一部分人而言,旅游是用来调剂紧张社会生活不可缺少的一项元素,人们在适合自己的旅游方式中获得了真正的休息与享受。

如今,我国的旅游业仍然在迅猛的发展当中,旅游消费也日趋个性化,旅游的休闲性与求异性日渐成为人们旅游的重要内容,这也为环渤海地区体育旅游产业集群化发展提供了巨大机遇。

四、我国环渤海体育旅游产业集群化发展的威胁分析

（一）市场竞争

旅游市场竞争是商品经济的产物。在国家的经济水平发展到一定的程度之后，人们才会产生旅游的愿望、需求及相应的资金保障能力，旅游业才会有向前发展的推动力。

旅游市场竞争是旅游经济运行最终实现的内在机制，它是旅游经济存在联系的外部强制形式。旅游市场的竞争主要是由价格战略与非价格战略组成的。而旅游的竞争又包括国内与国际两方面。国内方面，环渤海体育旅游带随着国内经济的不断发展以及自身的不断创新转变，本地区的体育旅游实现了一定程度的发展，但是面对旅游业信息化、产业化的不断发展以及国内市场的巨大竞争压力，环渤海地区体育旅游带的发展还面对不小的竞争与挑战；国际方面，国内旅游带的发展也面临着国际旅游行业巨头们的巨大挑战，面对国内出境旅游的大幅增加，环渤海地区体育旅游开发者也在通过不断提高自身的服务质量与推广宣传来进行积极的应对。

（二）环境危机

旅游在促进社会经济发展的同时还会对自然环境产生一定的损耗，旅游地区的地方特色也会产生一定的消退。因此，旅游一方面依赖于环境而存在，而另一方面也会对环境造成一定程度的破坏。在当前旅游产业的发展过程中，人们往往片面追求旅游所带来的社会经济效益而忽视了它对环境所产生的负面影响。相关调查表明，我国很多的旅游名胜区都有空气、水质、植被等方面的问题出现，这些多是旅游开发所产生的消极影响。当前，环渤海地区旅游业在环境方面的问题主要有三个：一是旅客产生的大量垃圾对景区的环境产生了污染；二是旅游活动及开发本

身对景区的生态环境产生了负面影响；三是旅游的开发程度与旅游地区的整体环境不够协调。

面对旅游开发所造成的这种环境危机，不管是体育旅游产业的开发者还是参与当地体育旅游活动的游客都应该从自我做起，注意体育旅游资源的可持续发展，积极保护自身所处的自然环境，通过自身力量推进我国环渤海地区尽快实现体育旅游产业集群化。

五、我国环渤海体育旅游产业的可持续发展

（一）体育旅游可持续发展的含义

体育旅游可持续发展指的是以资源与生态环境承受能力为基础，以符合当地经济、文化发展状况以及社会道德规范为标准，实现体育旅游发展与自然、文化以及人类生存环境的协调统一，不仅能够很好地满足当代人的需求，同时又不会对后代人满足其自身需求的能力构成危害为目标的发展思想与发展道路。

（二）体育旅游可持续发展的目标

具体来讲，体育旅游产业可持续发展的目标是：使体育旅游的发展规模和发展速度与经济、社会、文化等领域的发展相协调；使体育旅游的发展实现经济效益、社会效益和环境效益的统一；使体育旅游的发展既要满足当代人的需要，又不能危及子孙后代的需要。

体育旅游产业的可持续发展不仅是体育旅游资源与生态环境保护问题，同时也是人类总体社会生活与长远发展的现实问题。体育旅游的发展应该从长远来考虑，将近期利益与长期利益进行有机结合，使体育旅游资源与自然生态环境不仅满足当代人的物质文化生活需求，同时还能够为子孙后代造福。对于体育旅游环境与文化容易遭受破坏、经济结构单一的地区，我们应该在

资金以及技术方面给予相应的支持,从而更好地实现该地区体育旅游的持续发展。体育旅游可持续会涉及自然、社会、经济、技术等多方面的因素,政府、旅游企业、游客、居民等也与之密切相关。

（三）环渤海地区体育旅游产业可持续发展应遵守的原则

要想实现环渤海地区体育旅游产业的可持续发展以及体育旅游产业的集群化发展,都必须认真遵循以下几项原则。

1. 合理规划、综合决策、协调发展

在进行环渤海体育旅游开发的过程中,我们应该统筹考虑该地区的人口、社会、经济等方面的现状与发展趋势,同时充分考虑到资源、自然生态环境以及社会环境对于体育旅游发展的承受能力,坚决杜绝由于追求短期利益而盲目、过度开发所造成的环境破坏与污染的行为。

在环渤海地区体育旅游资源开发、设施建设、自然生态环境保护以及社会环境维护的决策中,应该广泛调动与保护相关政府部门、社会各界以及当地居民的积极性,通过正常的参与渠道妥善处理好体育旅游业与环渤海地区经济、社会、文化总体的关系,把握好短期利益与长远利益的关系,处理好旅游者与当地居民、旅游投资者、经营者相互之间的利益关系。通过科学的论证来促进环渤海地区体育旅游带的人工设施与自然社会环境、区内环境与周边环境的和谐统一,采取法律、经济、行政等有效手段消除自然、人为因素对于旅游资源造成的破坏,有效保证旅游资源的可持续利用以及体育旅游与环境之间的协调发展。同时,将制定环渤海地区体育旅游带可持续发展规划纳入到该地区经济社会总体发展的规划之中,对其进行合理的规划与综合决策,从而实现环渤海地区旅游资源的开发与经济、社会、环境等因素的协调发展。

2. 兼顾开发与保护,优化利用

在开发环渤海体育旅游带的过程中,我们应该根据环渤海地区体育旅游资源的特色与自然社会环境,采取适当的开发模式:

对于那些不能再生的体育旅游资源与有限的体育旅游资源,应该实行有效的控制利用;对于可再生的体育旅游资源与无限的体育旅游资源,应该实行充分的利用;对于生态脆弱区、环境敏感区以及珍稀自然景观、人文景观,应该对其进行有效的保护,同时加强污染的防治与保护设施的建设,在特殊的情况下还可以实行封闭式保护管理,使一些千年古迹、古建筑能够保存完整。通过对环渤海地区体育旅游带的合理开发与利用,能够最终实现该区域体育旅游资源的良性运行。

3. 利用法制与经济手段实现旅游收益的公平分配

要实现环渤海地区体育旅游带的可持续发展,主要可以从以下两个方面展开相关的工作。

第一,应该建立起法规制度,有效调动该地区居民参与建设体育旅游资源的热情与珍惜保护旅游资源、自然及社会环境的积极性,从而使其为当地旅游资源的开发、设施建设、经营管理以及服务提供力所能及的帮助。

第二,应该充分利用社会市场机制,在不影响旅游地资源与环境保护的前提下面向市场广泛招揽游客,从而增加旅游的收益。环渤海地区的各个地市应该保证在旅游资源开发过程中有一定比例的旅游收入专门用于自然环境保护与社会环境维护的投入。对于自然生态保护区,应该划分出实验区进行适度合理的开放,从而实现保护与开发的协调发展、良性运行。环渤海地区的旅游开发者应该努力实现旅游收益的公平分配,必要情况下可以采取法制与经济手段协调各个方面的利益关系,有效调动各方参与建设的主动积极性。

第八章 我国体育旅游产业集群
竞争力提升的策略探讨

体育旅游产业是体育产业中最重要的一个产业构成,其发展与体育其他产业之间具有非常密切的关系,在体育产业中占据着非常重要的地位,可直接或间接地促进体育其他产业的发展。我国体育旅游资源丰富、市场潜力大,但是与国外体育旅游相比,我国体育旅游产业的国际市场竞争力并不高,在我国体育产业市场中,体育旅游产业的竞争力与其他体育产业相比也有待提升。本章在阐述产业竞争力概念及其基本理论知识的基础上,详细分析体育旅游产业竞争力的构成要素,并结合当前我国体育旅游产业竞争力现状,对我国体育旅游产业竞争力的提升进行深入分析与思考,并提出可行化发展策略,以期对未来一个时期内我国体育旅游产业整体竞争力的提升具有重要的理论指导作用和启发意义。

第一节 产业竞争力的概念及理论基础

一、产业竞争力的概念

（一）产业竞争力概念争辩

关于产业竞争力,目前,国内外许多学者都对其进行了较为深入的研究,并从多角度提出了对产业竞争力的科学认知,但是,目前,学术界关于产业竞争力的概念描述并未统一,在论述上存在诸多不同指出,我国学者中具有代表性的关于产业竞争力概念的论述主要有如下几种。

（1）金碚（1997年）在《中国工业国际竞争力：理论、方法与实证研究》一书中指出：产业竞争力是指"在国与国自由贸易条件下,一国特定产业与其他国家相同产业相比具有更高的生产力,向国际市场提供符合消费者或购买者需求的更多产品,并持续地获得盈利的能力"。

（2）盛世豪在其1999年出版的《产业竞争论》中提到,产业竞争力是"某一产业在区域竞争中,在规范的市场条件下,提供有效产品和服务的综合能力"。

（3）张超认为,产业竞争力是一种综合能力比较,包括产业效率、生产能力、创新能力,以及在国际自由贸易条件下同类产业最终产品市场上的竞争能力。[1]

（4）陈晓声（2002年）则对产业竞争力的概念如此描述,即产业竞争力是指产业"通过对生产要素和资源的高效配置及转换,稳定持续地生产出比其他同类产业更多财富的能力"。

（5）陈柳钦（2005年）认为,产业竞争力是该产业"对本国和本地区资源禀赋结构和市场环境的反映和调整能力"。[2]

（6）王玉珍研究认为,产业竞争力是这样一种能力,它"能够比同类产业更有效的向市场提供产品和服务并获取盈利和自身发展的综合素质,表现在产业特色、产业优势及市场占有能力方面"。[3]

（二）产业竞争力概念内涵解析

产业竞争力是一种比较竞争力,这种比较可以是国际产业的比较,也可以是国内产业的比较,既可以是相同产业的比较,也可以是同类产业的比较。具体分析如下。

---

① 张超.提升产业竞争力的理论与对策初探[J].宏观经济研究,2002（5）.
② 陈柳钦.产业集群与产业竞争力[J].经济学研究,2005（5）.
③ 王玉珍.中国体育旅游产业竞争力研究[D].北京体育大学博士论文,2013.

（1）就区域经济发展来讲。不同国家或地区的产业政策环境、经济发展大环境不同,因此产业竞争力应该放在具体的地域(国家或地区)范围内进行比较。

（2）就国际经济一体化发展来讲。在当前国际经济发展一体化的大背景下,国与国、地区与地区之间的经济贸易来往是经常和普遍存在的,因此某个国家或地区的产业发展还应该放在国际大背景下进行比较。

（3）就产业本身而言,它是经济发展到一定阶段的必然结果,一个产业的形成往往与其他产业之间具有密切的联系。以体育旅游产业为例,其是体育产业与旅游产业的综合,是介于两种产业中间的一种产业发展,其产业属性、产业结构、产业发展环境等与体育产业、旅游产业以及其他产业都具有一定的区别。因此,既有联系又有区别的不同产业也可以进行比较,也存在竞争。

二、产业竞争力的理论基础分析

（一）比较优势理论

比较优势理论的理论基础最初是由亚当·斯密提出的,其在著名的经济学著作《国富论》中提出,"各国间存在的生产技术上的绝对差异,这种绝对差异导致生产率、生产成本、价格的差异,这种绝对差异导致某国在该类产品上具有绝对优势"。

在亚当·斯密绝对优势理论的基础上,1871 年,大卫·李嘉图提出比较优势理论。大卫·李嘉图研究认为,生产技术的相对差异可导致产品生产成本的差异,这种差异导致国际分工的出现,也就是说,即使在某一产品的生产经营过程中,某一国家处于劣势,也可以促进其与具有生产优势的国家发生贸易来往。为了追求各自的最大效益,各国均在自己处于生产优势的产品上加大生产,进口具有生产劣势的产品、出口具有生产优势的产品,实现国际间资源的优化配置。而上述整个过程中,产品的比较优势发挥根本作用。

20世纪50年代以后,弗农(1996年)、克鲁格曼(1983年)先后提出动态比较优势理沦,他们认为,产品的竞争力是由其生产要素优势决定的,更与各生产要素的分配密切相关。

比较优势强调基本生产要素对一国参与国际竞争的重要影响。

（二）竞争优势理论

竞争优势理论是由美国哈佛教授迈克尔·波特提出的。他对于竞争提出如下观点。

（1）国家的竞争优势对企业、行业的竞争优势具有重要影响,这种影响是直接的。

（2）国家兴衰的根本原因在于国际竞争力的大小,竞争优势强的国家在国际竞争中占据主导地位。

（3）优势产业的建立有赖于提高生产效率,提高生产效率的根本在于生产创新。

在竞争优势理论基础上,迈克尔·波特提出"钻石模型"理论,专门用于解释一国产业竞争优势,"钻石模型"理论被认为是产业竞争力研究的理论基础。迈克尔·波特认为,一个产业的竞争力主要取决于四个方面:即生产要素条件;需求条件;相关及支持性产业;企业的战略、结构及竞争(图8-1)。另外,政府和机遇也会对产业的竞争力产生重要的影响。

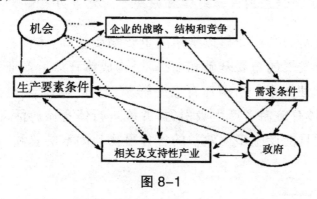

图8-1

第二节 体育旅游产业集群竞争力的构成要素

一、生产要素

生产要素是影响产业竞争力的一个重要因素,它对产业竞争力的发展起基础作用。根据迈克尔·波特的"钻石模型"理论,来解析体育旅游产业竞争力,可以将体育旅游产业的生产要素大致分为三类,即体育旅游资源、人力资源和基础设施(图8-2)。

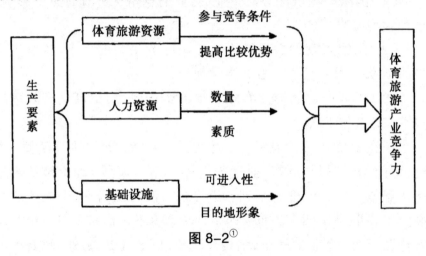

图 8-2[①]

(一)体育旅游资源对体育旅游产业竞争力的影响

资源是一个产业得以维系的重要物质基础,体育旅游资源是体育产业发展的重要基础和前提,是构成体育旅游产业竞争力的一个基础性要素。所谓体育旅游资源,具体是指"经科学合理的开发,对体育旅游者产生吸引力,并能进行体育旅游活动,为旅游业所利用且能产生多元效益的各种事物与因素的总和,是旅游资

---

① 王玉珍.中国体育旅游产业竞争力研究[D].北京体育大学博士论文,2013.

源和体育资源有机的完美组合"。[1]如果没有体育旅游资源,那么体育旅游产业的发展就没有了根基。

体育旅游资源对体育旅游产业竞争力的影响主要表现在以下两方面。

(1)体育旅游资源的多少直接影响到体育旅游地对体育旅游者的吸引力的大小,影响体育旅游第的市场范围。如果一个国家和地区缺乏必要的体育旅游资源,则该国家和地区的体育旅游产业的发展就会缺少必要的市场竞争力。

(2)特殊的体育旅游资源能有效提高体育旅游地的市场竞争比较优势。当前,体育旅游市场已经步入消费者市场,体育旅游消费者对体育旅游活动的需求是多元的、多样性的。如果体育旅游地的体育旅游资源能突出与其他体育旅游地的体育旅游资源的特殊之处,就能对体育旅游消费者更具吸引价值。这就是市场竞争中的"人无我有,人有我优"。

(3)体育旅游资源集中度越高,体育旅游地可为体育旅游市场提供的体育旅游产品、服务越多,与同类体育旅游地相比,对体育旅游更加具有吸引力,更加值得体育旅游者"到此一游",因此,该体育旅游地也就越能占据更多的体育旅游市场份额,从而在体育旅游市场竞争中扩大比较优势,市场收益也更多。这种市场占有比例所形成的规模效应能有效提高该地体育旅游产业的竞争力。

（二）人力资源对体育旅游产业竞争力的影响

人在市场经济活动中发挥着十分重要的作用。从研发、生产、销售到管理,这一整个过程当中,人力资源都发挥着重要的影响,进而决定产业竞争力的大小。

众所周知,体育旅游参与性强,在体育旅游活动当中,人力资源的参与度是其他任何一个产业都不能比拟的。人力资源情况将直接决定体育旅游消费者的消费体验,进而影响到体育旅游产

---

① 黄秀娟.旅游目的地国际竞争力决定因素研究[D].厦门大学博士学位论文,2007.

业的可持续发展。

人力资源对体育旅游产业竞争力的影响具体表现在以下两个方面。

（1）对于体育旅游产业企业来讲，人力资源数量的增加能够提高产出水平。体育旅游产业经营管理需要的是既懂体育、又懂经营管理理的专门人才。在同等生产技术条件下，专业性、高质量的人力资源数量越多，越能产出优质的体育旅游产品，以及提供优质的体育旅游服务。

（2）对于体育旅游市场竞争来说，在当前知识经济时代，人力资源素质在产业发展中发挥着重要作用。在体育旅游产业市场竞争过程中，企业所提供的体育旅游产品和服务的数量和质量，在很大程度上取决于员工的知识和技术水平及创新能力，人力资源素质越高，该企业的综合竞争力也会较强。

（三）基础设施对体育旅游产业竞争力的影响

任何产业的发展都离不开基础设施，体育旅游产业发展与基础设施建设具有非常密切的关系，良好的基础设施建设是体育旅游产业发展的重要物质基础。

在体育旅游产业中，体育旅游基础设施具体是能为体育旅游消费者提供基本生活服务、休闲娱乐服务和专业体育旅游服务的一切设施，如商店、住宿、交通、通讯、娱乐、医疗等。具体来说，基础设施对体育旅游产业竞争力的影响具体表现如下。

（1）基础设施的建设情况直接关系到体育旅游地的市场接待能力和体育旅游消费者的消费体验满意度。体育旅游和其他形式的产业不一样，具有区域的固定性，需要体育旅游消费者到体育旅游目的地进行体育活动体验，因此，这就对体育旅游目的地的基础设施建设具有较高的要求，要求体育旅游目的地必须具备良好的可进入性、消费者数量可接待性。

（2）良好的基础设施能有效提高体育旅游消费者对体育旅游目的地的整体印象。这对于提高体育旅游目的地的市场竞争力具有重要的促进作用,是提高本地区体育旅游产业发展后劲和市场竞争力的一个重要因素。

二、市场需求

市场需求是影响一个产业发展的重要影响因素,直接决定了该产业的发展模式、结构和方向,可以说,市场需求是一个产业发展的重要指向标,产业发展的任何决策都要围绕市场需求进行。对任何产业来说,没有市场需求也就无所谓竞争力,因此,市场需求是产业发展的前提。

针对市场需求与体育旅游产业竞争力的影响具体分析如下。

(一)细分市场对体育旅游产业竞争力的"宽度"的影响

细分市场与消费者的具体消费行为的实施具有十分密切的关系。当前,我国已经进入消费者市场的经济发展阶段,因此在产业发展过程中,要充分考虑消费者需求。

消费者的偏好是影响消费者购买的重要因素,一般来说,当消费者对某种产品的偏好程度增强时,该产品的需求量就会增加,相反,当偏好程度减弱时,需求量就会随之减少。就体育旅游产业发展来讲,消费者对体育旅游的项目和具体内容的偏好程度也会在不同时期发生变化,如冬季冰雪旅游需求的增加。

消费者对体育旅游产品的喜好程度受到多种因素的制约,主要包括大众体育旅游的观念和态度,体育旅游宣传力度,体育旅游产品和服务的质量、水平以及政府政策引导等。

体育旅游消费者的社会地位、经济条件、文化水平、兴趣爱好等各不相同,存在客观差异性,具体体现在体育旅游需求上,呈现出多样性特点,因此,凡是能满足体育旅游消费者多样化需求的体育旅游产品和服务就必然能够吸引更多的体育旅游消费者,也就是能在体育旅游细分市场中占据更多的市场份额,这对于体育旅游产业从业企业的市场竞争是十分有益的。

（二）市场预期性需求对体育旅游产业竞争力的"速度"的影响

消费者的需求是不断变化的,在不同的时期会表现出不同的特点,市场需求的预期性,具体是指消费者未来市场需求的预测。对于任何一个产业来讲,能够准确地预知消费者未来市场需求,就能提前把握市场竞争机会。

我国体育旅游市场中消费者的需求也是不断变化的,具体来说,如果某一个国家或地区的体育旅游消费者旅游需求若领先于其他国家和地区,则就能在体育旅游市场竞争中,提前准备好相应的体育旅游产品和服务,并做好体育旅游市场宣传,与体育旅游消费者的需求"一拍即合",从而赢得更多的消费者市场,也就自然能提高体育旅游产业的市场竞争优势。

例如,在我国 2022 冬奥会申请与筹备过程中,体育冰雪旅游与其他旅游产业相比,就显然具有明显的市场优势,而在近期和未来一段时间内,以打造冰雪旅游为主题的体育旅游必然比其他旅游能占据更多的市场份额。

综上所述,市场需求对产业的发展影响,简单来说就是市场需求差异化和预期对消费产品、服务的需求影响,如果这两方面把握得好,就能促进产业的发展,提高产业市场竞争力(图 8-3)。

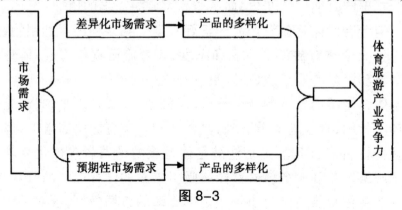

图 8-3

三、关联产业

在迈克尔·波特提出的"钻石模型"理论中,第三个影响产业竞争优势的关键因素即为关联产业。产业关联,又称产业联系,指不同产业投入与产出、供给与需求的数量比例关系。[①]

任何一个产业的发展都不是孤立的,在其发展过程中必然要与其他产业发生多种多样的联系,因此与其相关的产业的发展情况也会影响该产业的发展。

具体来说,某行业的上游产业或相关产业是否具有国际竞争力是影响该产业竞争力的重要因素。上游产业及相关产业可以发挥群体优势和产生互补优势从而促进某一产业的发展。在体育产业领域,目前,我国这种产业的群体优势只存在于极少的地区。如一些龙头体育用品企业群之间形成以体育用品加工生产为核心的产业链,它们之间的重复性交换有利于相互协作、缓解矛盾和问题,实现企业生产的高效性、有效性和灵活性。

体育旅游产业的产业链较长,其涉及到体育旅游的产品生产(服务设计)、产品制造(提供服务)、产品(与服务)营销等多各行业。同时还涉及到为体育旅游活动提供各项支持的行业,如交通、通讯、医疗、娱乐、文化等行业。2009—2011 年中国体育旅游产品行业市场分析及投资价值预测报告中指出,"在我国共计 130个行业中,体育旅游产业要消耗 59 个行业的产品,同时,体育旅游产业产品要被 96 个行业间消耗。"

在体育旅游产业链中,我们将体育旅游产品(服务)消耗产品的产业称为体育旅游的前向关联产业,将消耗体育旅游产品(服务)的产业称为体育旅游产业的后向关联产业。

体育旅游产业的关联产业对体育旅游竞争力的影响具体表现在产业技术创新和基础设施建设两个方面(图 8-4)。

---

① 王玉珍.中国体育旅游产业竞争力研究 [D].北京体育大学,2013.

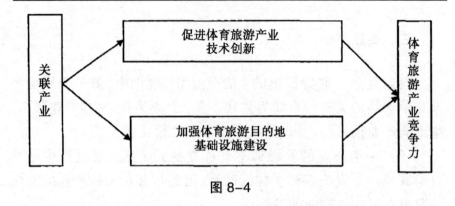

图 8-4

（一）技术创新和改进对体育旅游产业技术水平和竞争力的影响

技术创新是企业生存发展的重要基础，也是产业可持续发展的重要推动力。

就体育旅游市场的发展来说，随着经济的发展，体育旅游消费者的体育旅游需求在不断发生着变化，其中，对体育旅游产品和服务的质量要求越来越高是很重要的一个方面。如果体育旅游消费者在支付一定的消费之后，不能得到相应价值的体育旅游产品和服务，则其体育旅游的需求就会逐渐降低，从而导致体育旅游产业发展在消费者市场需求中遇冷。

对于体育旅游产业从业企业来说，体育旅游产业内的企业必须不断改进和提高生产技术，为体育旅游消费者提供优质的体育旅游产品和服务，才能保证体育旅游消费者消费的持续性。

（二）基础设施建设的完善对体育旅游产业竞争力作用发挥的影响

体育旅游目的地基础设施建设对体育旅游产业发展的重要影响在前面已经详细介绍。基础设施建设是体育旅游产业发展的重要物质基础，有助于提高体育旅游产业竞争力。

此外，基础设施建设更是体育旅游产业竞争力发挥作用的重要影响因素。以体育赛事旅游为例，国际大型体育赛事，如奥运会、足球世界杯等的举办会增加赛事举办地的旅游客流量,这一部分客流量来自于体育运动爱好者,也包括其他旅游者。大量游客的涌入势必会给赛事举办地的交通、住宿、饮食、购物、安保等带来一系列的压力,这就体现了基础设施建设的重要性。举办地良好的基础设施建设不仅可以确保体育赛事的顺利开展,还能为赛事举办地体育旅游产业的发展,以及与体育旅游产业相关的其他产业,如宿餐饮业、健身娱乐业等的发展产生促进作用。关联产业的发展也对体育旅游产业产生影响。共同作用下,体育旅游产业竞争力获得总体提高。

四、企业竞争

企业竞争是产业竞争的内在影响因素,也是非常关键的一个影响因素。"企业是产业竞争的基本载体,产业竞争力取决于企业竞争力"。[①] 企业竞争优势影响企业竞争力、进而影响产业竞争力(图 8-5)。

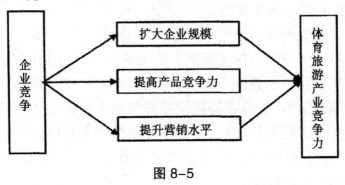

图 8-5

（一）通过扩大企业规模提高体育旅游产业竞争力

扩大企业规模对产业竞争力的影响已经被诸多学者研究认可并经过了市场的考验。扩大体育旅游从业企业的市场规模对体育旅游产业竞争力的提高的影响具体表现如下。

---

① 刘小铁. 产业竞争力的决定因素 [D]. 江西财经大学,2004.

（1）扩大企业规模可以提高管理效率、降低成本消耗。规模化从客观上可以实现企业生产分工精细化、专业化，可提高企业的规模化效益，而企业规模化效益的实现对于企业市场竞争力的提升是十分有益的，进而可促进企业管理的标准化、科学化，这对于整个产业的高效发展具有重要促进作用。

（2）市场竞争是多方面的，企业为了占有市场可采取多样化的竞争手段，其中，促销产品以提高市场占有率是当前市场经济中企业常用的竞争手段。规模化生产有助于企业降低成本，如此才能承受产品促销，同时，规模竞争还有助于提高其他企业进入市场的壁垒，企业必须具有一定的实力才能进入市场。市场内企业整体实力的提高对于其促进产业发展、提高产业竞争力具有推动作用。

（二）通过提高企业产品竞争力提高体育旅游产业竞争力

从本质上来说，产业竞争是产业市场占有率的争夺。市场占有率和营利能力直接体现了产品竞争力。

体育旅游产业属于第三产业，是一种服务性产业，体育旅游产品和服务的质量直接关系到体育旅游从业企业和体育旅游产业的发展。在市场竞争中，要想争取到最多的旅游者，必须不断提高产品竞争力，如此才能满足旅游消费者的需求，促进旅游消费者体育旅游行为的实施，这是体育旅游产业发展的重要基础。由此可见，提高体育旅游从业企业产品竞争力对体育旅游产业竞争力提高的重要影响。

（三）通过提高企业营销水平提高体育旅游产业竞争力

在市场竞争中，扩大产品销量能有效提高产品的市场占有率。这是企业进行市场营销的重要手段。

良好的营销能最大限度地吸引消费者，从而获取更多的市场份额。对于体育旅游产业发展来讲，其要想在体育产业和旅游产业中"抢占"更多的消费者,就必须挖掘市场信息,熟悉消费者需求,制定合适的营销策略,从提高企业营销手段和营销水平上下功夫。

五、政府行为

竞争理论指出,竞争优势的形成得益于四大要素的共同作用——商业环境。政府是商业环境的维护者,其行为主要包括提供政策支持、制定产业规划、制定产业政策等方面(8-6)。

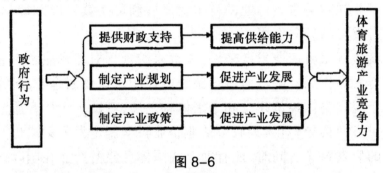

图 8-6

（一）政府通过提供财政支持提高体育旅游供给能力

政府在产业发展过程中发挥着十分重要的作用。对于产业发展具有宏观导向和影响作用。政府的决策具有强制性,能从根本上影响一个产业的发展。

首先,政府财政支持政策在不同产业发展方面具有重要的导向和支持作用。新时期,在我国大力发展体育事业的社会背景下,政府为促进体育旅游产业的发展提供财政支持。以我国民族传统体育发展为例,近年来,我国在发展体育方面开始重视我国传统体育文化的发展,具有丰富文化内涵的传统民族体育成为国家重点扶持的对象,这些民族体育项目与独有的民族风情结合在一起,具有发展体育旅游的良好优势,在政府专项财政政策支持下,在很大程度上促进了各地民族传统体育旅游产业的发展。

其次,政府财政支持政策在地区体育旅游产业发展方面具有显著作用。以我国西北、西南地区体育旅游发展为例，这里具有丰富的体育旅游资源，并与当地丰富多彩的民族文化和活动紧密结合在一起，形成了强大的体育旅游市场吸引力。但是，由于我国西北、西南地区属于经济欠发达地区，因此在发展体育旅游产业的必要基础性投入方面存在一定的困难。而我国开发西部，为西部地区体育旅游产业的发展提供了良好的发展契机。

（二）政府通过制定产业规划促进体育旅游产业发展

产业规划关系到产业的科学化发展和可持续发展，对产业发展具有重要的导向作用。

就体育旅游产业发展来说，体育旅游规划对体育旅游产业发展具有先导作用。政府对体育旅游产业的产业规划是宏观性的，立足于我国整体经济建设和未来体育发展，有助于为体育旅游发展提供方向指导，对体育旅游从业企业科学制定发展策略也具有重要的启发意义。同时，还有助于我国体育旅游产业在国际体育旅游市场竞争中把握好方向，明确定位，实现体育旅游资源的合理开发与优化配置，实现整个体育旅游产业的良性发展。

（三）政府通过制定产业政策规范体育旅游产业的发展

产业政策的制定者是政府，具体是政府"为了实现一定的经济和社会目标，从而对产业的形成和发展进行干预所制定的各种政策"。[①] 在体育旅游产业发展中，政府通过制定各项政策干预体育旅游产业从业企业的各项市场活动，进而影响体育旅游产业的发展。

首先，政府的产业政策制定能从宏观上协调体育旅游产业内部各要素的发展，如实现体育旅游资源的优化配置；督促产业内各利益相关者形成共同的价值观，引导他们为了提高体育旅游产

---

① 鲍明晓，赵承磊，饶远，黄海燕．我国体育旅游发展的现状、趋势和对策 [J]．体育科研，2011，32(6)．

业竞争力而共同努力。

其次,科学的产业政策有利于规范体育旅游产业市场竞争。在当前市场竞争十分激烈的环境下,政府必须加大对体育旅游产品与服务侵权行为的打击力度,加强对企业专利权的保护,促进整个体育旅游产业技术水平的提升。此外,规范体育旅游产品标准和服务标准也是政府必须要解决的问题。

六、体育旅游产业竞争力要素结构模型

结合前文对体育旅游产业竞争力的各要素的分析,在体育旅游产业竞争力中,各构成要素具有不同的影响作用(图 8-7)。

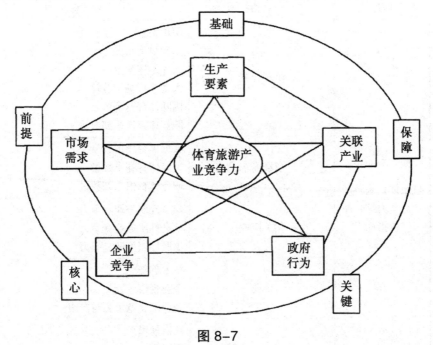

图 8-7

(1)生产要素:生产要素是体育旅游产业发展的物质基础,是体育旅游产业进行竞争的基础。

(2)市场需求:市场需求是体育旅游产业参与竞争的前提,有需求,才有市场,才能竞争。

(3)关联产业:关联产业对体育旅游产业发展具有重要的支

持作用,是体育旅游产业保持竞争力的重要保障。

(4)企业竞争:企业竞争是促进体育旅游产业发展的根本动力,是体育旅游产业竞争力的核心。

(5)政府:政府在体育旅游产业发展中发挥者重要指导作用,通过政府行为确保体育旅游产业顺利发展。

对于体育旅游产业竞争力的分析,应该建立多层次评价指标体系,上述五个指标是构成和影响体育旅游产业竞争力的一级指标,从更深一层次进行分析,还可以进一步细化出多个二级指标(表 8-1)。

表 8-1 体育旅游产业竞争力综合评价指标体系 [①]

指标	一级指标	二级指标
城市体育旅游产业竞争力综合评价指标	生产要素	GDP 总量 基础设施状况 人才本体竞争力 大型体育场馆数量 国际体育赛事数量 职业体育俱乐部数量
	市场需求	大型体育场馆数量 国际体育赛事数量 职业体育俱乐部数量
	相关产业	消费性服务业竞争力 社会性服务业竞争力 生产性服务业竞争力
	企业	技术创新 企业规模 企业综合竞争力与产值
	政府因素	政府规模 犯罪率 经济开放度 司法系统与产权保护

[①] 李萍.基于 PCA 和 AHP 的中外城市体育旅游产业竞争力评价研究[J].沈阳体育学院学报,2014,33(1).

从宏观角度来看,在体育旅游产业发展过程中,体育旅游产业竞争力的五个构成要素都发挥着重要的作用,但是,必须认识到,这五个要素在不同国家和地区、在体育旅游产业发展的不同阶段,对体育旅游产业竞争力的影响程度不同。

以政府行为为例。在计划经济条件下,政府行为在体育旅游产业发展过程中起着主导性作用,而在市场经济条件,政府行为在体育旅游产业发展过程中起着辅助性作用,处于起步期的体育旅游产业来说,离不开政府的支持,如果缺乏政府的有效支持,体育旅游产业的竞争力很难在短期内快速提高。尤其是在我国改革开放初期,在全球化体育发展背景下,西方体育在国际体育中占据主导地位,在这种情况下发展体育旅游,国外体育发达国家体育旅游产业优势要明显高于我国体育旅游产业优势,因此,我国体育旅游产业发展必须依靠政府支持,而在西方竞技体育冲击下,保护我国传统体育旅游文化与资源,也离不开政府的大量工作。

第三节　我国体育旅游产业集群竞争力的现状分析

一、政府对体育旅游产业调控现状

(一)政府体育旅游产业政策

在我国大力发展体育事业以及体育旅游产业快速发展,实现了极大的经济效益、社会效益。我国政府更加认识到了包括体育旅游产业在内的体育产业发展的重要性。

2009年,国务院下发《国务院关于加快发展旅游业的意见》(以下简称《意见》),《意见》指出,以体育赛事为平台,支持有条件的城市和地区开展体育旅游,举办多种形式、内容丰富的文体旅游活动,促进本地经济、体育的发展。

2010年，国务院颁布《国务院办公厅关于加快发展体育产业的指导意见》，从产业发展的宏观角度指出"协调推进体育产业与相关产业互动发展，推动体育产业与旅游等相关产业复合经营，促进体育旅游、体育会展等相关业态的发展"。

近年来，在政府的各项优惠政策支持下，我国各地（20多个省、市、自治区）将体育旅游产业作为本地支柱产业或重点产业。体育旅游产业发展形势一片大好。

此外必须认识到，由于当前我国政府对体育旅游产业的相关政策多是指导性、原则性的意见，从现实来看，这些政策缺乏针对性，操作性不强。

（二）政府体育旅游发展规划

现阶段，我国各地政府的体育旅游产业发展规划工作并没有提上日程，国家体育旅游发展规划正在拟定中。地方上，目前，只有安徽省制定了《体育旅游产品发展规划》。

调查显示，我国70%以上省市体育旅游业缺乏或需要规划。处于成长中的体育旅游产业急需加强产业规划。

（三）政府体育旅游发展相关制度

当前，我国体育旅游的监管、评价制度建设严重滞后于我国体育旅游产业的发展。

产业的发展离不开各种制度进行规范指导，在旅游业中，旅游市场秩序、旅游产品与服务质量的提高、旅游企业行为等都需要相应的制度进行规范，而我国旅游业在这方面做得还远远不够，各方面制度都比较缺乏。

就我国体育旅游发展来看，各地在发展本地体育旅游过程中都很重视对本地旅游业的宣传，但是对于体育旅游消费者来说，缺乏对各地体育旅游产品和服务的判断，而这一部分工作就需要依靠政府去做。目前，我国体育旅游景区的等级评价刚刚起步，体育旅游市场监管制度建设几乎处于空白状态。

（四）政府关于体育旅游设施安全标准和专业技术人员的从业标准的制定

体育旅游产业的规范化发展离不开科学生产与服务标准、人员从业标准、安全保护标准等各项标准的确立。与体育旅游产业发展的相关标准具体包括以下几种。

（1）体育旅游专业技术人员的从业和资格标准。

（2）运营管理的市场监管标准。

（3）激励、规范行业发展的等级评价标准。

（4）安全经营的风险救护标准。

在上述体育旅游产业发展各项标准规范进程中，我国并没有切实可参考的统一文件，这在很大程度上影响了我国体育旅游产业的进一步规范化发展。

众所周知，体育旅游参与性强，而且又许多体育项目和活动内容具有一定的风险性，而国家在体育旅游服务从业人员、场地设施建设、安全防护和救护方面并没有建立相关标准，这就在很大程度上使得体育旅游消费者的相关合法权益无法得到保障，不利于体育旅游的规范化管理和可持续发展。

二、体育旅游产业企业发展现状

（一）体育旅游企业营销能力

体育旅游产业是外向型产业，在产业发展方面很大程度上依赖宣传促销，因此，体育旅游企业营销能力对体育旅游产业发展和产业竞争力具有重要的影响。

目前，我国体育旅游产品的分销渠道主要有两个：体育旅游公司和旅行社。近年来，大众体育旅游认知度的不断提高，我国体育人口和体育旅游人数的不断增加，使得我国体育旅游市场不断扩大,进入体育旅游市场的企业(体育旅游公司、旅行社)不断增多。一些大型旅行社以及部分体育经纪公司,也积极开展体育旅游相关业务,如国旅、康辉、青旅等大型旅行社开设有各种体育旅游项目。体育旅游市场竞争激烈。

在激烈的体育旅游市场竞争中,各体育旅游公司和旅行社要想争取到最多的客源,就必须加强企业营销能力。

据调查,为争夺市场,我国体育旅游企业的广告费用占成本和销售额的比重正逐年上升,整体来看,我国体育旅游企业的营销竞争优势不明显,具体表现如下。

(1)体育旅游企业的营销意识欠缺。企业过于注重项目建设,缺乏根据消费者需求制定相应的促销手段的意识。

(2)体育旅游企业的营销渠道较窄。旅游社招徕是当前旅游企业营销的主要手段,缺乏体验营销、个性化营销。

(3)体育旅游企业的宣传形式单一,多依赖于企业广告宣传,很少政府公益广告、主题宣传。

(二)体育旅游产品营利能力

体育旅游产品是吸引体育旅游者萌生体育旅游想法和辅助体育旅游行动的重要吸引物。经过十几年的发展,我国各地体育旅游产品丰富,当前,已开发的体育旅游产品主要包括三大类,即体验类体育旅游产品、观赏类体育旅游产品、实体类体育旅游产品(图8-8)。

在当前体育旅游市场中,许多特色体育旅游产品在旅游地表现出了极强的生命力,为丰富旅游产品、促进本地体育旅游产业发展发挥了积极作用。

有数据显示,2008年,黑龙江省共接待冰雪旅游者600多万人次,国内旅游收入40.5亿元人民币,创汇1290.9万美元;水立方2008年10月至2009年10月创收1.36亿元;2010年湖北共接待体育旅游游客800多万人次,创收24亿多元。近几年,各地特色旅游产品对体育旅游消费者的吸引力进一步增加,和五年前的上述数据相比,几乎翻了一番。据资料统计,北京—张家口携手申办冬奥会后的第一个雪季,到崇礼滑雪的人数增长了40%,2015年又增长了30%。[①]

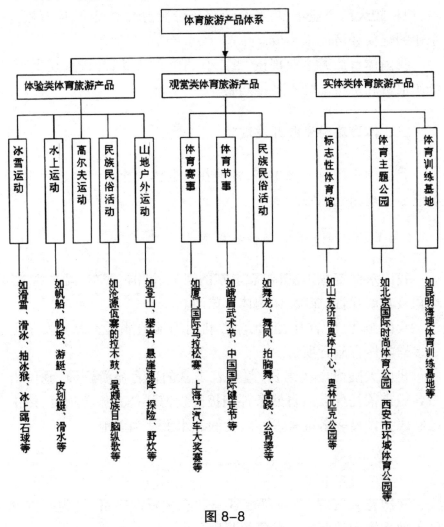

图 8-8

（三）体育旅游企业规模发展

近年来,我国体育旅游业发展迅速,各地体育旅游从业机构

① 杨澜，宋宇．冬季运动知识读本 [M].北京：中国文联出版社，2016.

数量不断增多。截至 2010 年底,北京市休闲健身类从业机构有 2 719 家。从业机构的增加对体育旅游产业市场和产业结构调整均具有重要的影响作用。

现阶段,我国体育旅游企业数量不断增长,但是,竞争力较强、规模较大的企业不多,各企业市场份额占有率较小,体育旅游企业的规模经济尚未形成。

我国体育旅游企业规模"弱、小、散"的现状,导致重复生产、资源浪费和价格优势不足等问题。

三、体育旅游资源开发现状

我国体育旅游资源丰富,各地在发展体育旅游产业过程中基本能够实现因地制宜。

（一）水域风光类体育旅游资源

我国水体资源丰富,依靠丰富的河流、湖泊、瀑布、温泉等,各地积极开展观赏、探险、休闲体育旅游。

我国黑龙江、吉林、河北等省利用当地的冰雪资源开发了形式多样的体育旅游项目。

我国大陆海岸线绵长,蕴藏着丰富的体育旅游资源,我国沿海各城市依托优良的自然条件积极开发海洋体育旅游项目,海南已经成为世界著名避暑、疗养、度假和水上活动胜地。

（二）生物景观类体育旅游资源

我国花卉资源、草原草地资源和森林资源丰富,这为我国开展各种文体活动奠定了重要的基础。

我国河南洛阳牡丹具有较高的知名度和影响力,跻身全国四大著名节会之列。洛阳市借助花卉资源优势,在举行牡丹花会开幕式上,举行 3 万人太极拳表演,充分彰显出花木资源与体育资源的有机结合,为其他地区发展体育旅游提供了成功的经验。

（三）建筑设施类体育旅游资源

据不完全统计,目前,我国拥有各种标志性的体育场馆(博物馆)272 处、体育度假村 32 个,体育主题公园 164 个。这些体育场馆、体育度假村、体育主题公园成为许多城市发展体育旅游的重要亮点(表 8-2)。

表 8-2　我国部分地区体育出台公园数量[1]

省（自治区、直辖市）	数量	省（自治区、直辖市）	数量
北京市	21	湖南省	18
广东省	16	安徽省	6
福建省	10	宁夏回族自治区	4
浙江省	18	吉林省	12
山东省	32	四川省	10
江西省	2	内蒙古自治区	7
广西壮族自治区	8	共计	164

（四）人文活动类体育旅游资源

日前,体育赛事旅游成为一种时尚,我国许多地方把体育赛事作为一种体育旅游资源进行开发。环青海湖公路自行车赛、网球中国公开赛、F1 世界大奖赛中国上海站等,都是中国近几年发展起来的特色体育旅游项目。[2]

我国民族传统节日与民族传统体育活动蕴藏着巨大的体育旅游开发潜力,如回族古尔邦节、开斋节;苗族"跳年会""四月八""赶秋""鼓社节";藏历新年节、赛马会、萨嘎达瓦节、江孜达玛节等传统节日。国际奥委会主席罗格评价大型实景演出《禅宗少林·音乐大典》后说:"可以获得奥林匹克金奖"。

此外,我国地方民间民族民俗表演活动,如腰鼓、舞龙、舞狮、

---

① 王玉珍.中国体育旅游产业竞争力研究 [D].北京体育大学,2013.

② 张鹏.如何提高中国体育旅游产业竞争力 [J].黑龙江科技信息,2015（1）.

踩高跷等也具有丰富的体育旅游资源开发价值。

体育赛事、民族节日活动与民族体育、民间民俗表演都为我国体育旅游资源的综合性开发提供了一个良好的思路。

四、体育旅游人力资源培养现状

（一）体育旅游从业人员受教育程度

就我国旅游从业人员现状来看，当前，我国导游队伍的学历层次较低，从事体育旅游专业的导游的教育程度也不高，以大专（41.7%）、本科（18.9%）学历为主。多数景区服务人员未接受过专业系统的培训，短期岗位培训后即可上岗。"我国旅游从业人员中兼职进行体育旅游服务的人员占到体育旅游从业者的87%"。[1]

（二）体育旅游从业人员的数量

当前，我国体育旅游市场需求较大，但是，我国体育旅游从业人员的数量匮乏。尤其是一些探险性体育旅游项目的技术指导、服务和救护人员，如漂流的救生员、滑雪的导滑员等数量很少。

五、体育旅游产业市场需求现状

（一）体育人口比例

调查显示，我国体育人口数量逐年持续稳步增长。1996年为31.4%，2000年为33.9%，2004年为37.1%。2007年约3.4亿人参加过体育锻炼。近年来，我国民众参与体育锻炼的热情不断高涨，体育人口进一步快速增长。

但是，尽管我国体育人口比例持续稳定增长，但与体育发达

---

[1] 霍红，薄鸿春.西南地区体育旅游人才培养研究[J].成都体育学院学报，2004(6).

国家相比,体育人口占总人口比例还较低。我国体育旅游市场的扩大还必须进一步扩大体育人口,鼓励更多人参与体育。

（二）人均体育消费水平

调查显示,当前,欧美发达国家人均体育消费水平每年约400美元,而我国人均体育消费水平不足100元人民币,作为高消费需求的体育旅游活动费用支出就更少了。这在很大程度上制约了我国体育旅游市场需求的增加。

第四节　我国体育旅游产业集群竞争力提升的策略

一、充分发挥政府职能作用,提升政府调控力

政府在体育旅游产业发展中具有重要影响作用。政府的产业政策会促进或迟滞体育产业的发展进程。[1]加强政府的宏观调控是体育旅游产业可持续发展战略的重要内容。

一个国家、地区或行业的政府领导是推动该国家、地区或行业可持续发展的第一位力量。在政府部门的支持下,体育旅游产业才有发展活力和动力。2014年国务院颁布的《关于加快发展体育产业促进体育消费的若干意见》指出"到2025年,体育产业总规模超过5万亿元",极大地激发了体育产业市场活力和改革动力。新时期,要促进体育旅游产业发展,必须从以下几方面做起。

（1）政府应加强体育旅游产业布局规划,制定科学合理的产业政策和相关法律引导。

（2）政府应加大对体育旅游产业发展的扶持力度,完善体育旅游产业的服务体系。

（3）政府应加强监督管理,完善体育旅游经营活动的服务规

---

[1]　张瑞林,王会宗.体育经济学概论[M].北京:高等教育出版社,2015.

范和从业标准,构筑良好的体育旅游产业发展环境。

二、提高体育旅游产品营销水平,增强企业竞争力

针对目前我国体育旅游营销的相关问题,应从以下几方面入手提高体育旅游产品营销水平。

(1)创新营销和宣传方式。未来的体育旅游营销将是基于网络的供需双方直接对点营销。因此,应充分利用现代信息技术,改变当前以旅行社为主的单一营销渠道。

(2)完善体育旅游产品结构,进一步丰富产品系列。加强体育旅游产品的多元化开发,满足不同消费者的多元化需求。在调整和优化体育旅游产品结构时,基于目标消费群体制定符合不同消费者个性化需求的体育旅游产品开发策略。

(3)重视企业产品技术创新。注重通过创新来节约劳动力(如网络售票)、节约资本(如多功能体育场馆的社交使用)、提高效率或质量。使企业的经营管理真正做到低成本、高效率、新发展。

三、优化体育旅游专业人才队伍,夯实要素供给力

体育旅游人才是实现体育旅游产业转变发展方式,在体育旅游产业的发展中起着至关重要的作用。针对当前我国旅游专业人才数量较少、质量不高的现状,应从以下几方面入手,建设和完善我国体育旅游专业人才队伍。

(1)重视体育旅游产业各类管理人才、专业人才的培养并合理分配不同人才优化组织结构。

(2)重视发挥高校人才教育和培养优势,使高校成为体育旅游人才的主要供应地。当前,要鼓励我国高等院校开设体育旅游专业或增开体育旅游课程,为体育旅游产业发展提供人力支持。

(3)适时依托旅游教育培训中心进行体育旅游人才培训。体育运动项目的开发和技术的发展要求体育旅游专业服务人员和技术指导人员应不断丰富自己的技术能力和运动经验,对此,旅

游行政部门可以与学院联合开办培训中心,加强对在职体育旅游人员的在职培训,进一步提高其专业素质和能力。

四、开拓国内外体育旅游市场，扩大市场需求力

首先,要着力发展国内体育旅游市场。加大体育旅游宣传力度,形成良好的大众体育旅游认知,培育体育旅游群众基础。在当前推行全民健身计划的基础上,倡导家庭和个人投资体育健身,引导群众拓宽体育消费领域,为大众参与体育旅游奠定基础。

其次,适度开发国际体育旅游市场。政府和体育旅游产业从业企业,均应积极参与国际体育旅游宣传推广,认真分析全球旅游市场形势,针对不同客源市场加大宣传力度,打造具有中国特色的体育旅游产品与服务;同时,体育旅游企业要加强与相关部门的合作,通过联合促销,扩大境外体育旅游市场。

参考文献

[1] 刘宁.低碳经济视角下体育旅游产业发展研究 ——以山东半岛蓝色经济区为例 [D].中国海洋大学,2014.

[2] 柳伯力.体育旅游导论 [M].北京：人民体育出版社,2003.

[3] 陶宇平.体育旅游学概论 [M].北京：人民体育出版社,2012.

[4] 闫立亮,李琳琳.环渤海体育旅游带的构建与大型体育赛事互动的研究 [M].济南：山东人民出版社,2010.

[5] 方春妮.体育产业集群研究 [D].上海体育学院,2009.

[6] 杨明.中国体育用品制造产业集群发展模式研究 [M].杭州：浙江大学出版社,2016.

[7] 庄军.旅游产业集群研究 [D].华中师范大学,2005.

[8] 孙春兰.山东省文化旅游产业集群研究 [D].中国海洋大学,2013.

[9] 徐林.山东半岛蓝色经济区休闲体育产业集群发展研究 [D].哈尔滨工业大学,2013.

[10] 鲍明晓,赵承磊,饶远,黄海燕.我国体育旅游发展的现状、趋势和对策 [J].体育科研,2011,32（06）.

[11] 王辉.体育旅游产业特征及发展策略探讨 [J].体育与科学,2010,31（04）.

[12] 于素梅.体育旅游资源开发研究 [D].河南大学,2005.

[13] 牛艳云,基于 GEM 模型的旅游产业集群竞争力研究 [D].山东大学,2007.

[14] 杨明,王新平,王龙飞.中国体育旅游产业集群研究 [J].武汉体育学院学报,2009（01）.

[15] 刘国新,闫俊周.评价产业集群竞争力的 GEMS 模型构建研究 [J].科技进步与对策,2010（02）.

[16] 邓凤莲.中国体育旅游人文资源评价指标体系与评价量表研制 [J].北京体育大学学报,2014,1（37）.

[17] 王建.旅游人类学理论在中国旅游发展中的应用 [J].旅游科学,2007（05）.

[18] 赵承磊.我国城市体育旅游资源与产品的理论和实证研究 [D].上海体育学院,2012.

[19] 王玉珍.中国体育旅游产业竞争力研究 [D].北京体育大学,2013.

[20] 张超.提升产业竞争力的理论与对策初探 [J].宏观经济研究,2002（05）.

[21] 陈柳钦.产业集群与产业竞争力 [J].经济学研究,2005（05）.

[22] 李萍.基于 PCA 和 AHP 的中外城市体育旅游产业竞争力评价研究 [J].沈阳体育学院学报,2014,33（01）.

[23] 张鹏.如何提高中国体育旅游产业竞争力 [J].黑龙江科技信息,2015（01）.

[24] 庞明,王天越.体育旅游 [M].吉林:吉林出版集团,2010.

[25] 夏贵霞,舒宗礼.体育旅游开发理论与实践研究 [M].北京:九州出版社,2015.

[26] 周道平,张小林,周运瑜.西部民族地区体育旅游开发研究 [M].北京:北京体育大学出版社,2006.

[27] 李广学,赵嘉宜.我国西部体育旅游产业的发展问题研究 [J].科技创新导报,2016,13（10）.

[28] 董宏伟,赵丽光.长江三角洲地区体育旅游产业的现状及可持续发展对策的研究 [J].吉林体育学院学报,2005（21）.

[29] 黄秀娟 . 旅游目的地国际竞争力决定因素研究 [D]. 厦门大学,2007.

[30] 刘小铁 . 产业竞争力的决定因素 [D]. 江西财经大学,2004.

[31] 杨澜,宋宇 . 冬季运动知识读本 [M]. 北京：中国文联出版社,2016.

[32] 霍红,薄鸿春 . 西南地区体育旅游人才培养研究 [J]. 成都体育学院学报,2004（06）.

[33] 张瑞林,王会宗 . 体育经济学概论 [M]. 北京：高等教育出版社,2015.

后　记

　　本书系 2015 年度教育部人文社会科学研究项目《我国体育旅游产业集群竞争力提升研究》(项目批准号：15YJA890020)，值此付梓出版之际，特此感谢教育部社会科学司！同时感谢在本书写作过程中给予支持的同事：李慧林、田萍、王哲、尹杰和邹婷，和课题组的所有同仁，感谢许昌学院科技处，感谢许昌学院体育学院，感恩父母的养育之恩，感恩妻子的辛勤付出，感恩所有的亲人和朋友，再次表示感谢！